日蓮宗　宗義入門

日蓮宗宗義研鑽の手引

序

宗義は宗門の綱格である。布教伝道等の宗門の活動は宗義に基づいて展開される。したがって、宗門の根幹である宗義を研鑽することは、緇素を問わず宗門に身を置くすべての者が不断に心がけねばならない。

宗門はその重要性に鑑み、片山日幹宗務総長の折、立正大学日蓮教学研究所長望月歓厚先生を中心に全十項目にわたる「宗義大綱」を作成し、宗門の教学審議会で審議決定、第十九回定期宗会において承認した。

爾来、宗門はこの「宗義大綱」に立脚しこぞって宗義の研鑽に努めてきた。全国各地において研修が重ねられると共に、昭和四十二年には『日蓮宗宗義大綱解説』が刊行された。同書は宗義研鑽のテキストとして重用され、昭和六十年に再版された。

昭和六十年に勧学院が発足するや、宗務院および全国の教区で「宗義大綱」の研修が積極的におこなわれ、平成元年には『宗義大綱読本』、平成十一年には「檀信徒版宗義大綱読本」である『日蓮宗の教え』が刊行された。

このように「宗門の生命」「宗門存立の基盤」「宗門興隆の根幹」である宗義の研鑽は、「宗義大綱」を基として絶えることなく継続されてきた。時代の推移とともに、多様性と効率化を求める世情のなかで、宗義参究のためにさらに平易な入門書が求められるようになった。

本書はその要請に応え、「宗義大綱」の要点を指摘し、研鑽者が信解を深め宗義の本旨に参入することができるよう企図し編集した基礎的手引である。諸賢の宗義研鑽に資するところがあれば幸いである。

宗義研鑽の気運がますます興隆し、普く社会全体に「祖意」が顕揚され、よりいっそう宗風が宣揚することを祈念してやまない。

令和五年四月二十八日

著者　庵谷行亨　謹識

日蓮宗　宗義入門　目次

凡例

一　編集の目的と方針

1　編集の目的

本書は「日蓮宗の宗義」を解説することを目的とする。

2　編集の方針

「日蓮宗の宗義」を解説するにあたっては、「日蓮宗宗義大綱」を基本とした。本書の冒頭に「日蓮宗宗義大綱」の本文を掲げ、解説文中においても、関連事項については重ねて「日蓮宗宗義大綱」の当該文章を掲出した。

修学者の便を考慮し、読み易くするためにできる限り文字を大きくし、書き入れができるように行間をあけるよう努めた。

＊「日蓮宗宗義大綱」の依用については、日蓮宗宗務院当局の特別のご配慮をいただいた。

＊本稿の執筆にあたっては、日蓮宗勧学院監修『宗義大綱読本』（日蓮宗新聞社発行）を参考にさせていただいた。

二　宗祖の呼称

宗祖の呼称は「日蓮宗宗義大綱」に準拠した。そのため、解説項目によって「宗祖」と「日蓮聖人」

を併用した。

三　法華経

1　法華経は法華経普及会編『真訓両読妙法蓮華経並開結』（平楽寺書店発行）により『法華経開結』と略記した。

2　法華経は、原則として読み下し文で表記した。

四　日蓮聖人遺文

1　日蓮聖人遺文は立正大学日蓮教学研究所編『昭和定本日蓮聖人遺文』（身延山久遠寺発行）により『昭定』と略記した。

2　日蓮聖人遺文の漢文・和漢混淆文は読み下し文に改めた。

3　日蓮聖人遺文のかなづかいは原則として原文のままとした。

4　日蓮聖人遺文には必要に応じて送りがなを付した。

5　日蓮聖人遺文は解説の必要性に応じて同文を繰り返し掲出した。

五　原文の部分省略

原文の一部分を省略した場合は（略）と表記した。

六　読みがな

読者の便を配慮して、漢字にはできるだけ読みがなを付した。読み方は日蓮宗の慣用によった。

日蓮宗《にちれんしゅう》宗義大綱《しゅうぎたいこう》

（全文）

1　宗義《しゅうぎ》の体系《たいけい》

日蓮宗は、日蓮聖人が信解体得《しんげたいとく》せられた法華経《ほけきょう》を、本宗《ほんしゅう》における理《り》・教《きょう》・行《ぎょう》・証《しょう》の基本とし、これによって五綱《ごこう》と三祕《さんぴ》を構成し、もって宗義の体系とする。

2　五綱《ごこう》の意義《いぎ》

五綱は、日蓮聖人が法華経を信解体得せられるに当《あた》り、考察の基盤《きばん》とされた教《きょう》・機《き》・時《じ》・国《こく》・師《し》(序《じょ》)の五箇《ごか》の教判《きょうはん》であって、教《きょう》と理《り》とを明らかにする。更《さら》にそれは、宗教活動における自覚《じかく》と弘教《ぐきょう》の方軌《ほうき》を示すものである。

教《きょう》は、一念三千《いちねんさんぜん》を包む法華経寿量品《じゅりょうほん》の肝心《かんじん》、南無妙法蓮華経をいい、五重相対《ごじゅうそうたい》・四《し》種三段《しゅさんだん》等の教判によって詮顕《せんけん》されたものである。

機《き》は、教が与えられる対象で、末法《まっぽう》の凡夫《ぼんぷ》をいい、等《ひと》しく下種《げしゅ》の大益《たいやく》を享受《きょうじゅ》する。

時《じ》は、教と必然的《ひつぜんてき》に相応《そうおう》する末法今時《まっぽうこんじ》の意味である。

国《こく》は、教の流布《るふ》する場《ば》であり、日本を始めとする全世界が国である。

師《し》は、教・機・時・国の意義と次第《しだい》とを知り、これを自覚し、実践する仏教者である。

3 三秘《さんぴ》の意義《いぎ》

三大秘法《さんだいひほう》は、本門《ほんもん》の教主釈尊《きょうしゅしゃくそん》が末法の衆生《しゅじょう》のために、本化《ほんげ》の菩薩《ぼさつ》に付属《ふぞく》された南無妙法蓮華経の一大秘法《いちだいひほう》に基《もと》づいて、開出《かいすい》されたものである。日蓮聖人は、この一大秘法を行法《ぎょうぼう》として「本門《ほんもん》の本尊《ほんぞん》」「本門《ほんもん》の題目《だいもく》」「本門《ほんもん》の戒壇《かいだん》」と開示《かいじ》された。末法の衆生《しゅじょう》は、この三大秘法を行《ぎょう》ずることによって、仏《ほとけ》の証悟《しょうご》に安住《あんじゅう》する。

本門の本尊は、伽耶成道《がやじょうどう》の釈尊が、寿量品《じゅりょうほん》でみずから久遠常住《くおんじょうじゅう》の如来《にょらい》であることを開顕《かいけん》された仏《ほとけ》である。宗祖《しゅうそ》は、この仏《ほとけ》を本尊と仰《あお》がれた。そして釈尊の悟りを南無妙法蓮華経に現《あら》わし、虚空会上《こくうえじょう》に来集《らいじゅう》した諸仏諸尊《しょぶつしょそん》が、その法《ほう》に帰一《きいつ》している境界《きょうがい》を図示《ずし》されたのが大曼荼羅《だいまんだら》である。

本門の題目は、釈尊の悟りの一念三千を南無妙法蓮華経に具象《ぐしょう》したものである。仏《ほとけ》は、これを教法《きょうぼう》として衆生《しゅじょう》に与え、我等凡夫《ぼんぷ》は、これを三業《さんごう》(身口意《しんくい》)に受持《じゅじ》して行法《ぎょうぼう》を成就《じょうじゅ》する。

本門の戒壇は、題目を受持《じゅじ》するところにそのまま現前《げんぜん》する。これを即是道場《そくぜどうじょう》の事《じ》の戒壇という。四海帰命《しかいきみょう》の暁《あかつき》に建立《こんりゅう》さるべき事相荘厳《じそうしょうごん》の事《じ》の戒壇は、我等宗徒の願業《がんごう》であって、末法一同の強盛《ごうじょう》の行業《ぎょうごう》によって実現しなければならない。

4　信行《しんぎょう》の意義《いぎ》

本宗の信行は、本門の本尊に帰依《きえ》し、仏智《ぶっち》の題目を唱《とな》え、本門戒壇の信心《しんじん》に安住《あんじゅう》するを本旨《ほんし》とする。機《き》に従って、読《どく》、誦《じゅ》、解説《げせつ》、書写《しょしゃ》等の助行《じょぎょう》を用《もち》いて、自行《じぎょう》、化他《けた》に亘《わた》る信心《しんじん》を増益《ぞうやく》せしめる。

5　成仏《じょうぶつ》の意義《いぎ》

本門本尊への信《しん》は、成仏《じょうぶつ》の正因《しょういん》であり、その相《そう》は口業《くごう》の唱題《しょうだい》となり、身業《しんごう》には菩薩《ぼさつ》の道行《どうぎょう》となる。この菩薩道《ぼさつどう》に即《そく》した生活活動がそのまま成仏の相《すがた》である。

6　霊山往詣《りょうぜんおうけい》

来世《らいせ》は、現世《げんぜ》と相即《そうそく》する。現在の即身成仏《そくしんじょうぶつ》は、未来成仏《みらいじょうぶつ》の意義をもつ。妙法信受《みょうほうしんじゅ》の当所《とうしょ》に成仏が決定《けつじょう》し、霊山《りょうぜん》の釈迦仏《しゃかぶつ》のみもとに在《あ》るのである。故《ゆえ》に霊山往詣は未来のみのものでなく、現身《げんしん》のわが信心《しんじん》の場《ば》にある。宗祖はこの境界《きょうがい》を大曼荼羅《だいまんだら》に図顕《ずけん》された。

7 摂受《しょうじゅ》と折伏《しゃくぶく》

折伏は邪見《じゃけん》・邪法《じゃほう》に執《しゅう》するものに対して、これをくだき、正法《しょうぼう》に帰伏《きぶく》せしめることであり、摂受は寛容《かんよう》なる態度をもって正法に導き入れることである。かように、この両者は、教を弘める方法であるが、その精神は共に大慈悲心《だいじひしん》に基《もと》づかなければならない。しかも破邪《はじゃ》が顕正《けんしょう》の為《ため》の破邪であるように、折伏と摂受にはその行用《ぎょうゆう》に前後《ぜんご》があり、また機によっても進退《しんたい》がある。

8 祈禱《きとう》の意義

いのりは、大慈悲心に基づく真実の表白《ひょうはく》である。本宗の祈禱には、自行化他《じぎょうけた》に亘《わた》って、成仏のいのりと生活のいのりとがあるが、後者《こうしゃ》といえども信仰生活の助道《じょどう》となるものでなければならない。

9　宗祖《しゅうそ》

宗祖は、みずから本化上行《ほんげじょうぎょう》の自覚に立ち、仏使《ぶっし》として釈尊と法華経への信仰を指示《しじ》された宗徒《しゅうと》の師表《しひょう》であり、直道《じきどう》を導《みちび》く大導師《だいどうし》である。

10　出家《しゅっけ》と在家《ざいけ》

出家と在家とは、信仰に両者《りょうしゃ》の別《べつ》はないが、その使命《しめい》を異《こと》にする。出家は専《もっぱ》ら伝道《でんどう》教化《きょうけ》を使命とし、自己の信仰を確立するとともに、進んで宗教者としての行学《ぎょうがく》の二道《にどう》をはげむべきである。在家は、信仰を世務《せむ》に生《い》かすことに務《つと》め、分《ぶん》に応じて出家の伝道を扶《たす》けることが、仏道《ぶつどう》を行《ぎょう》ずることである。

日蓮宗　宗義入門

第一章　宗祖

日蓮宗宗義大綱「９　宗祖」
「宗祖は、みずから本化上行の自覚に立ち、仏使として釈尊と法華経への信仰を指示された宗徒の師表であり、直道を導く大導師である。」

宗義大綱の要点
　宗祖―本化上行菩薩《ほんげじょうぎょうぼさつ》の自覚者
　仏使《ぶつし》として釈尊と法華経への信仰を指示された宗徒の師表《しひょう》
　直道《じきどう》を導く大導師《だいどうし》

　宗祖は本門の教主釈尊に直参《じきさん》することによって、要法《ようぼう》（題目）を付嘱《ふぞく》された本化上行菩薩としての自覚に立ち、末法の世に一大事の祕法である題目を弘通《ぐづう》し、一切衆生《いっさいしゅじょう》の救いと立正安国《りっしょうあんこく》（正法《しょうぼう》に基づいた安穏な社会）の実現に生涯を捧《ささ》げられた。したがって、宗祖は釈尊の命《めい》を受けてこの世に出現された仏使《ぶつし》であり、末法の大導師である。

◇参照『宗義大綱読本』第一章　法華経と日蓮聖人

第二章　日蓮聖人の聖教《しょうぎょう》

第一節　日蓮聖人の聖教

日蓮聖人が執筆・図顕《ずけん》された筆述書類《ひつじゅつしょ》を総じて聖教《しょうぎょう》という。聖教には著書・手紙・図録《ずろく》・要文《ようもん》・写本《しゃほん》・注法華経《ちゅうほけきょう》・大曼荼羅《だいまんだら》等がある。

◎まとめ

日蓮聖人の聖教

著書―日蓮聖人の著作
手紙―日蓮聖人が門下（弟子《でし》・檀越《だんのつ》）等に宛てられた書簡
図録《ずろく》―日蓮聖人が法門等を図式で記載された書面
要文《ようもん》―日蓮聖人が経論疏《きょうろんしょ》の部分を抜き書きされた文章
写本《しゃほん》―日蓮聖人が経論疏《きょうろんしょ》を書写された文章

注法華経《ちゅうほけきょう》―日蓮聖人が法華三部経の行間等に経論疏《きょうろんしょ》の要文《ようもん》を注記された経典
大曼荼羅《だいまんだら》―日蓮聖人が法華経信仰の世界を図顕《ずけん》された本尊

○参考

日蓮聖人入滅後に作成された「聖教目録《しょうぎょうもくろく》」には、仏像・経典・御舎利・御影《みえい》・袈裟《けさ》・数珠《じゅず》なども「聖教」として収録されている。
日昭《にっしょう》『譲与本尊聖教事《じょうよほんぞんしょうぎょうのこと》』（『日蓮宗宗学全書』第一巻一一頁）
日常《にちじょう》「常修院本尊聖教事《じょうしゅういんほんぞんしょうぎょうのこと》」（『昭定』二七二九頁）
日祐《にちゆう》「本尊聖 教録《ほんぞんしょうぎょうろく》」（『昭定』二七三二頁）

第二節　日蓮聖人の遺文《いぶん》

1　日蓮聖人の遺文

遺文は、一般的には故人の遺《のこ》した文章を指すが、日蓮宗では、日蓮聖人が執筆された著述・手紙・図録等を「日蓮聖人遺文」と称している。「遺文」以外にも、「御書《ごしょ》」「祖《そ》書《しょ》」「御妙判《ごみょうはん》」「聖教《しょうぎょう》」「御筆」（おふで・おんふで・ごひつ）等とも称する。

「日蓮聖人遺文」は、日蓮聖人のお言葉（日蓮聖人の教え）であり、日蓮聖人の人格（日蓮聖人のお姿と行動）であると同時に、日蓮聖人門下の心のよりどころであり、信仰の指針、信仰の対象でもある。

◎まとめ

日蓮聖人遺文―日蓮聖人の著述・手紙・図録等

　日蓮聖人のお言葉（日蓮聖人の教え）

　日蓮聖人の人格（日蓮聖人のお姿と行動）

　日蓮聖人門下の心のよりどころ

　日蓮聖人門下の信仰の指針

　日蓮聖人門下の信仰の対象

◯留意点

聖教と遺文

日蓮聖人が書き記されたもの、あるいは所持されていたものなどを総じて「聖教」と称するが、時には「遺文」と同様に、著述・手紙・図録等を指して聖教と称することもある。

2　日蓮聖人遺文の文体《ぶんたい》

日蓮聖人遺文は漢文《かんぶん》・和文《わぶん》・和漢混淆文《わかんこんこうぶん》などで書かれている。これらは述作の意図《いと》・目的や対告者《たいごうしゃ》(宛所)などによって相違がある。概して女性信徒宛の遺文は和文体が多い。論点を明確にして論述内容を深めるために問答体《もんどうたい》で叙述された遺文も多くある。『立《りっ》正安国論《しょうあんこくろん》』『観心本尊抄《かんじんほんぞんしょう》』等がそれである。

◎まとめ

日蓮聖人遺文の文体

漢文
和文
和漢混淆文
日蓮聖人遺文の文体の相違
述作の意図・目的等による
対告者による
女性信徒宛は和文体が多い
問答体
論点を明確にして論述内容を深める

3　日蓮聖人遺文の内容

日蓮聖人遺文は執筆の目的によってその内容はさまざまである。主な内容は、信徒教化《きょうけ》、門下《もんか》教育のための法門《ほうもん》教示、供養《くよう》の謝礼、お見舞い、用件の依頼、問い合わせに対する回答など多岐《たき》にわたる。

◎まとめ

日蓮聖人遺文の内容

法門教示―信徒教化・門下教育等

供養の謝礼―布施《ふせ》供養への感謝・功徳の意義等

お見舞い―病気のお見舞い　死別のお悔みやお見舞い等

激励―信仰の勧奨《かんしょう》　信仰の堅持《けんじ》等

用件の依頼―経論疏蒐集《きょうろんしょしゅうしゅう》の依頼等

対告者《たいごうしゃ》との心の交流―信仰生活の支え等

4　日蓮聖人遺文の特色

日蓮聖人遺文は、三大部《さんだいぶ》・五大部《ごだいぶ》などの教義書、時事《じじ》に応じて記された手紙類、法門を図式で解説した図録などがある。日蓮聖人の心情や教えは、情況に応じて披瀝《ひれき》されていることから、遺文の全体をとおして日蓮聖人の思想や行動などを理解することが大切である。

日蓮聖人は相手の状況を的確にとらえ、その心情に寄り添って文章を書かれている。理解を促すために故事《こじ》・説話《せつわ》・譬喩《ひゆ》等を多用されていることも特徴《とくちょう》の一つである。法門教示は破邪顕正《はじゃけんしょう》の内容が多い。したがって教相的《きょうそうてき》な論述《ろんじゅつ》が多く見られる。日本仏教史上の各祖師《そし》の中では圧倒的に多くの文章類が伝来《でんらい》している。

◎まとめ

日蓮聖人遺文の特色

法門を論述した教義書、時々に応じて記された手紙、要点を表示した図録などがあり、それらの遺文全体をとおして日蓮聖人の思想や行動などを理解する必要がある。

相手を理解しその折の状況に応じて心情に寄り添って書かれている。

故事・説話・譬喩などを多用されている。

法門教示は破邪顕正の内容が多い。

教相的な論述が多い。

仏教史上の各祖師の中では圧倒的に多くの文章類が伝来している。

5　日蓮聖人遺文の意義

日蓮聖人遺文は日蓮聖人のお言葉であると同時に日蓮聖人の人格でもある。日蓮聖人の門下は、日蓮聖人遺文をとおして、日蓮聖人にまみえ、日蓮聖人のお心や教えをいただき、信仰を深めて豊かな生活を営むことが肝要である。

また、日蓮聖人遺文は日蓮聖人の教え・行動・人間性のみならず、日蓮聖人の人間関係や当時の生活などを如実《にょじつ》に伝える貴重な歴史遺産《いさん》でもある。

日蓮宗では、日蓮聖人遺文を宗宝《しゅうほう》として大切に護持《ごじ》している。日蓮聖人遺文は、『立《りっ》正安国論《しょうあんこくろん》』『観心本尊抄《かんじんほんぞんしょう》』（具名《ぐめい》は『如来滅後五五百歳始観心本尊抄《にょらいめつごごごひゃくさいしかんじんほんぞんしょう》』）『観心本尊抄副状《かんじんほんぞんしょうそえじょう》』が国宝《こくほう》に指定されているほか、多くは国の重要文化財に指定されている。

◎まとめ

日蓮聖人遺文の意義

日蓮聖人の教えを知ることができる

日蓮聖人の行動を知ることができる
日蓮聖人の人間性を知ることができる
日蓮聖人の人物像を知ることができる
日蓮聖人の人間関係を知ることができる
当時の生活を知ることができる
当時の歴史・文化を知ることができる

宗宝・国宝・重要文化財
日蓮宗では宗宝として大切に護持《ごじ》している
代表的日蓮聖人遺文は国宝に指定されている
多くの日蓮聖人遺文は国の重要文化財に指定されている

6　日蓮聖人遺文の読み方

日蓮聖人遺文を読むことは日蓮聖人と対話することである。日蓮聖人との心の交流をとおして、日蓮聖人の信仰・心情・教え・行動などに共感・共鳴・感動し、心から納得・

満足・法悦することが大切である。

また、日蓮聖人遺文は、信仰を基《もと》として、心の奥底から読み、声に出して読み、身体で実践して読むことが肝要である。

◎まとめ

日蓮聖人遺文の読み方

　日蓮聖人との対話

　　日蓮聖人との心の交流

　　共感・共鳴・感動し心から納得・満足・法悦する

　　日蓮聖人の御意《みこころ》を全身全霊で受け止める

　信仰的感応《かんのう》

　　信心において読む

　　心の奥底から読む

　　声に出して読む

身体で実践して読む
全身全霊で読む

第三節　三大部と五大部

日蓮聖人遺文の中で、とくに重要とされるもの三点を三大部、五点を五大部という。選出基準にもよるが、概《がい》して教義を論述した重要著書を挙《あ》げることが多い。

1　三大部

日蓮聖人の重要な代表的三大書。

①『立正安国論《りっしょうあんこくろん》』
文応《ぶんのう》元年（一二六〇）七月十六日、幕府の前執権最明寺入道時頼《さきのしっけんさいみょうじにゅうどうときより》に進覧《しんらん》した諫暁《かんぎょう》の書。国内に頻出《ひんしゅつ》する災難の理由を解明《かいめい》し、人々の安穏《あんのん》と国の安寧《あんねい》をはかるためには「実乗《じつじょう》の一善《いちぜん》」に帰《き》すべきであることを、幕府に訴えた日蓮聖人の私的勘文《かんもん》。

②『開目抄《かいもくしょう》』

文永《ぶんえい》九年（一二七二）二月、配流《はいる》の地である佐渡国塚原《つかはら》で、死を覚悟された日蓮聖人が「一期《いちご》の大事」を「かたみ」として執筆された著書。法華経に身命《しんみょう》を捧げて生きる自身の心情が吐露《とろ》されていることから、「人開顕《にんかいけん》の書」とされている。「人開顕」とは、日蓮聖人が「法華経の行者《ぎょうじゃ》」「地涌菩薩《じゆのぼさつ》」「上行菩薩《じょうぎょうぼさつ》」としての自覚の世界を明らかにされたことをいう。

③『観心本尊抄《かんじんほんぞんしょう》』（具名は『如来滅後五五百歳始観心本尊抄《にょらいめつごごごひゃくさいしかんじんほんぞんしょう》』）

文永《ぶんえい》十年（一二七三）四月二十五日、佐渡国一谷《いちのさわ》で「当身《とうしん》の大事」である「観心《かんじん》の法門」を明らかにされた著書。「本門《ほんもん》の題目《だいもく》」「本門《ほんもん》の本尊《ほんぞん》」を論じ「本門《ほんもん》の戒壇《かいだん》」を密示《みつじ》して、「末法《まっぽう》の大法《だいほう》」である「三大秘法《さんだいひほう》」を説き示された。最重要教義の披瀝《ひれき》であることから、「法開顕《ほうかいけん》の書」とされている。「法開顕」とは、如来滅後《にょらいめつご》末法の世《よ》を永遠に照らす「一大事の祕法」（題目「南無妙法蓮華経」の教え）を明らかにすることである。

◎まとめ

三大部—日蓮聖人の重要な代表的三大書

『立正安国論』『開目抄』『観心本尊抄』

２　五大部

三大部に次の二書を加える。日蓮聖人の重要な五大書。

④『撰時抄《せんじしょう》』

建治《けんじ》元年（一二七五）六月、身延山で「法華経流布《るふ》の歴史」を叙述《じょじゅつ》された著書。前年の文永《ぶんえい》十一年（一二七四）十月に蒙古軍《もうこぐん》が日本に襲来《しゅうらい》したため、日蓮聖人がすでに『立正安国論《りっしょうあんこくろん》』において預言《よげん》されていた他国侵逼難《たこくしんぴつなん》が現実のものとなった。日蓮聖人は、日本国の危機を仏教伝来の歴史のなかで解説し、末法今時《こんじ》における題目流布《るふ》の必然性を確信をもって開示《かいじ》された。

⑤『報恩抄《ほうおんしょう》』

建治《けんじ》二年（一二七六）七月二十一日、身延山で「旧師道善御房《どうぜんごぼう》の追悼《ついとう》」のために、仏教伝播《でんぱ》の歴史をとおして「法華経信仰と報恩」について叙述された著書。真実の報恩は、釈尊本懐《ほんがい》の教えである法華経に帰依《きえ》し題目を受持《じゅじ》することにあるとし、「末法の正法《しょうぼう》」

である「本門の本尊」「本門の戒壇」「本門の題目」を明示《めいじ》された。

◎まとめ

五大部――日蓮聖人の重要な五大書

三大部（『立正安国論』『開目抄』『観心本尊抄』）に次の二書を加える。

『撰時抄』『報恩抄』

第三章　宗義の体系

日蓮宗宗義大綱「1　宗義の体系」

「日蓮宗は、日蓮聖人が信解体得せられた法華経を、本宗における理・教・行・証の基本とし、これによって五綱と三秘を構成し、もって宗義の体系とする。」

宗義大綱の要点

日蓮聖人が信解体得《しんげたいとく》せられた法華経

理《り》―久遠釈尊《くおんしゃくそん》の本理《ほんり》「本門寿量品文底《じゅりょうほんもんてい》の一念三千」

久遠釈尊内証《ないしょう》の法理《ほうり》

教《きょう》―本門の肝心《かんじん》「南無妙法蓮華経の五字」（末法の大法《だいほう》）

行《ぎょう》―末法の観心《かんじん》「南無妙法蓮華経の七字」（題目の受持《じゅじ》）

証《しょう》―本感応妙《ほんかんのうみょう》「南無妙法蓮華経の五字七字」（本時《ほんじ》の娑婆《しゃば》世界）

一念三千の成仏《じょうぶつ》―三世《さんぜ》相即の証果《しょうか》（時空を超えた釈尊世界）

「久遠釈尊の因果《いんが》の功徳」の自然譲与《じねんじょうよ》（即身成仏《そくしんじょうぶつ》）
霊山往詣《りょうぜんおうけい》
大曼荼羅《だいまんだら》
立正安国《りっしょうあんこく》
宗旨《しゅうし》―五綱《ごこう》・三祕《さんぴ》

◎まとめ

宗義の体系
教相門《きょうそうもん》―理《り》・教《きょう》（仏法《ぶっぽう》）―教義
　日蓮宗の教えである宗義を明らかにする
　主な法門―一念三千《いちねんさんぜん》の法門　五綱（五義《ごぎ》）の法門　三大祕法
観心門《かんじんもん》―観《かん》・行《ぎょう》（仏道《ぶつどう》）―実践
　宗義に基づいて信行《しんぎょう》する
　主な法門―一念三千の観心《かんじん》　題目受持《じゅじ》　三大祕法の建立《こんりゅう》　立正安国の実現

安心門《あんじんもん》―証《しょう》（成仏《じょうぶつ》）―救済
信行をとおして安心立命《あんじんりゅうみょう》する
主な法門―一念三千の成仏　即身成仏《そくしんじょうぶつ》　霊山往詣《りょうぜんおうけい》　本時《ほんじ》の娑婆《しゃば》世界　大曼荼羅《だいまんだら》
世界　立正安国《りっしょうあんこく》

○ポイント
教相《きょうそう》と観心《かんじん》
教相と観心は相即《そうそく》して不二《ふに》
教相―教えを明らかにして信受《しんじゅ》する―釈尊の真意を明確にする
観心に即した教相―「南無妙法蓮華経の五字」
観心―教えに立脚して信行《しんぎょう》する―釈尊の御意《みこころ》を顕現《けんげん》する
教相に即した観心―「南無妙法蓮華経の七字」
題目は教観相即の「南無妙法蓮華経の五字七字」

◇参照『宗義大綱読本』第一章　法華経と日蓮聖人

第四章　日蓮聖人における法華経思想の系譜《けいふ》

第一節　法華経思想の相承《そうじょう》

日蓮聖人の法華経思想は、印度・中国・日本の三国にわたる法華仏教の伝統的思想系譜のなかに位置づけることができる。多くの先師によって培《つちか》われてきた法華経思想の神《しん》髄《ずい》に分け入り、教主釈尊のご本意を法華経に覚知《かくち》し、本門法華経を中心とする仏教の体系を樹立していかれたのである。

日蓮聖人における法華経思想の相承《そうじょう》には、歴史的系譜である外相承《げそうじょう》と内証的《ないしょうてき》系譜である内相承《ないそうじょう》の二面がある。外相承は歴史的正統性、内相承は信仰的正当性を示すものである。

1　外相承《げそうじょう》

外相承は、法華経を説かれた印度の釈尊、釈尊の教えの最要を法華経に見い出した中国の天台大師智顗《ちぎ》、天台大師の称揚《しょうよう》された法華仏教を日本にもたらし日本天台法華宗を開かれた伝教大師最澄《さいちょう》の、三国三師《さんごくさんし》を継承《けいしょう》する正統なる法華仏教者としての位置づけを表明されたものである。日蓮聖人はこれを『顕仏未来記《けんぶつみらいき》』に「三国四師《さんごくしし》」と称されている。

『顕仏未来記《けんぶつみらいき》』

天台大師は釈迦に信順《しんじゅん》し法華宗《ほっけしゅう》を助けて震旦《しんたん》に敷揚《ふよう》し、叡山《えいざん》の一家《いっけ》は天台に相承《そうじょう》し法華宗を助けて日本に弘通《ぐづう》す等云云。安州《あんしゅう》の日蓮は恐らくは三師に相承し法華宗を助けて末法《まっぽう》に流通《るつう》す。三に一を加えて三国四師と号《な》づく。『昭定』七四二～七四三頁。原漢文。

釈尊は法華経を説かれた教主、天台大師と伝教大師は像法時《ぞうぼうじ》に出現して迹面本裏《しゃくめんほんり》（迹門を面《おもて》とし本門を裏《うら》とする）の法華仏教を広布《こうふ》された先師であるに対し、日蓮聖人は末法《まっぽう》の初めに出現し本面迹裏《ほんめんしゃくり》（本門を面《おもて》とし迹門を裏《うら》とする）の法華仏教を宣布《せんぷ》された。

◎まとめ

外相承―三国四師―歴史的系譜……歴史的正統性

釈尊―在世―法華経の教主―天竺《てんじく》（印度）

天台大師―像法時―迹面本裏の法華経―漢土《かんど》（中国）

伝教大師―像法時―迹面本裏の法華経―本朝《ほんちょう》（日本）

日蓮聖人―末法の初め―本面迹裏の法華経―本朝《ほんちょう》（日本）

◯参考

三国―天竺《てんじく》・漢土《かんど》・本　朝《ほんちょう》

四師―釈尊・天台大師・伝教大師・日蓮聖人

◯ポイント

迹面本裏と本面迹裏

迹面本裏―迹門を面《おもて》とし本門を裏とする―迹門《しゃくもん》為体《いたい》（迹門中心）

本面迹裏―本門を面《おもて》とし迹門を裏とする―本門《ほんもん》為体《いたい》（本門中心）

2　内相承《ないそうじょう》

内相承は、法華経虚空会《こくうえ》の教えに基づいて、釈尊に直参《じきさん》する主体的な思想系譜である。
法華経虚空会《こくうえ》において、釈尊は、見宝塔品《けんほうとうほん》で二仏並坐《にぶつびょうざ》し、滅後弘教《ぐきょう》の勅命《ちょくめい》である「三箇《さんか》の勅宣《ちょくせん》」を発せられ、従地涌出品《じゅうじゆじゅっぽん》で「久遠の本弟子《ほんでし》」（地涌菩薩《じゆのぼさつ》）を召出し、如《にょ》来寿量品《らいじゅりょうほん》で「仏の久遠実成《くおんじつじょう》」と「久遠の妙法」（良薬《ろうやく》の大法《だいほう》・題目）および「久遠の浄土」（常住不滅の本土《ほんど》）を開顕《かいけん》され、如来神力品《にょらいじんりきほん》で「本化地涌菩薩《ほんげじゆのぼさつ》」へ「要法《ようぼう》」（結要《けっちょう》の大法《だいほう》・題目）を付嘱《ふぞく》された。

このような虚空会の教えから、日蓮聖人は、釈尊から要法《ようぼう》（結要《けっちょう》の大法・題目）を付嘱された本化《ほんげ》地涌菩薩を、「当世《とうせ》において題目を受持弘通《じゅじぐづう》する自己の身」になぞらえ、その自覚に立って不惜身命《ふしゃくしんみょう》の生涯を歩まれたのである。

本化地涌菩薩の中でも、上首《じょうしゅ》四導師（四菩薩）の最初に名前が挙げられている上行《じょうぎょう》菩薩《ぼさつ》としての自覚に立脚して題目を宣布《せんぷ》されたことから、宗門では日蓮聖人を「末法《まっぽう》唱導師《しょうどうし》本化《ほんげ》上行高祖日蓮大菩薩」と尊称している。

◎まとめ

内相承—釈尊に直参《じきさん》—内証的系譜……信仰的正当性
見宝塔品—三箇《さんか》の勅宣《ちょくせん》……滅後弘教の勅命《ちょくめい》
従地涌出品—久遠の本弟子（地涌菩薩）を召出《しょうしゅつ》
如来寿量品—久遠の仏・法・土の開顕《かいけん》
　教主—久遠実成の仏（発迹顕本《ほっしゃくけんぽん》の仏）
　教法《きょうぼう》—久遠の妙法（良薬《ろうやく》の大法＝題目）
　浄土—常住不滅の本土《ほんど》（娑婆即浄土）
如来神力品
　本化《ほんげ》地涌菩薩への要法《ようぼう》（結要《けっちょう》の大法・題目）付嘱《ふぞく》

直受《じきじゅ》—釈尊から直接受法《じゅほう》

釈尊（三仏）から本化地涌菩薩（上行菩薩《じょうぎょうぼさつ》）〈日蓮聖人〉へ

○参考

本化の四菩薩（上首四導師《じょうしゅ》）

上行菩薩《じょうぎょうぼさつ》

無辺行菩薩《むへんぎょうぼさつ》

浄行菩薩《じょうぎょうぼさつ》

安立行菩薩《あんりゅうぎょうぼさつ》

◇参照『宗義大綱読本』第一章　法華経と日蓮聖人

◇参照「第五章　第五節　起顕竟《きけんきょう》の法門」

第二節　日蓮聖人の釈尊観

1　日蓮聖人の釈尊観

日蓮聖人は法華経の教えに基づいて釈尊を受け止められた。その内容は、法華経の教主釈尊、娑婆世界の教主としての釈尊、三徳《さんとく》（主師親《しゅししん》）具足《ぐそく》の釈尊、久遠実成《くおんじつじょう》の釈尊、本門の教主釈尊、本門の本尊としての釈尊、法華経の行者としての釈尊、題目受持者己《こ》心《しん》の釈尊など多岐《たき》にわたる。ここではそのうちのいくつかについて見ていく。

◎まとめ
日蓮聖人の釈尊観
法華経の教主釈尊
娑婆世界の教主としての釈尊
三徳（主師親）具足の釈尊

久遠実成の釈尊
本門の教主釈尊
本門の本尊としての釈尊
法華経の行者としての釈尊
題目受持者己心《こしん》の釈尊

2　娑婆《しゃば》世界の教主

法華経の教主釈尊は娑婆世界の教主である。

法華経化城喩品《けじょうゆほん》第七には「第十六王子が成道《じょうどう》した姿である釈迦牟尼如来は娑婆世界の教主」と説かれている。

◎まとめ
娑婆世界の教主――法華経の釈尊……娑婆有縁《うえん》の教主

3　三徳具足《さんとくぐそく》の釈尊

法華経の教主釈尊は主師親《しゅししん》の三徳具足の仏である。

法華経譬喩品《ひゆほん》第三には次のように説かれている。

今此三界皆是我有《こんしさんがいかいぜがう》　其中衆生悉是吾子《ごちゅうしゅじょうしつぜごし》　而今此処多諸患難《にこんししょたしょげんなん》　唯我一人能為救護《ゆいがいちにんのういくご》

(今《いま》此《こ》の三界は皆是《こ》れ我有《わがう》なり。其《そ》の中の衆生は悉《ことごと》く是《こ》れ吾《わが》子なり。而《しか》も今《いま》此の処は諸の患難《げんなん》多し。唯我一人《われいちにん》のみ能《よ》く救護《くご》を為《な》す)(『法華経開結』一六二～一六三頁)。

『南條兵衛七郎殿御書《なんじょうひょうえしちろうどのごしょ》』

法華経の第二に云く、今此三界皆是我有《こんしさんがいかいぜがう》。其中衆生悉是吾子《ごちゅうしゅじょうしつぜごし》。而今此処多諸患《にこんししょたしょげん》難《なん》。唯我一人能為救護《ゆいがいちにんのういくご》。雖復教詔而不信受《すいぶきょうしょうにふしんじゅ》等云云。此の文《もん》の心は、釈迦如来は我《われ》等《ら》衆生には親也、師也、主也。我等衆生のためには阿弥陀仏・薬師仏等は主にてはましませども、親と師とにはましまさず。ひとり三徳をかねて恩ふかき仏は釈迦一仏にかぎりたてまつる。親も親にこそよれ、釈尊ほどの親。師も師にこそよ

れ、主も主にこそよれ、釈尊ほどの師主《ししゅ》はありがたくこそはべれ。『昭定』三二〇

〜三二一頁。

◎まとめ

法華経の教主釈尊の三徳

　今此三界皆是我有―主徳……守護《しゅご》

其中衆生悉是吾子―親徳……慈愛《じあい》

唯我一人能為救護―師徳……教導《きょうどう》

三徳具足の釈尊―真実の教主……三徳を円満具足《えんまんぐそく》するのは法華経の教主釈尊のみ

他の仏―主徳は具《そな》えていても師徳・親徳を欠く

○参考

法華経の釈尊の師徳―久遠の師弟（師弟倶《とも》に久遠）

法華経の釈尊（久遠実成の仏）―久遠の師（本師）

法華経の釈尊の弟子（久遠教化《きょうけ》の弟子）―久遠の弟子（本化《ほんげ》地涌菩薩）

法華経の釈尊の親徳―久遠の父子（父子結縁《ふしけちえん》）
法華経の釈尊（久遠実成の仏）―久遠の父
法華経の釈尊の子（久遠の愛子）―久遠の子

4　久遠実成《くおんじつじょう》の釈尊

久遠実成の釈尊は本門寿量品において発迹顕本《ほっしゃくけんぽん》された仏である。

仏の顕本は、仏の真実性の開示《かいじ》、仏法《ぶっぽう》の真実性の開示、仏土の真実性の開示、仏弟子の真実性の開示でもある。


『開目抄《かいもくしょう》』

迹門方便品《しゃくもんほうべんぽん》は一念三千《いちねんさんぜん》・二乗作仏《にじょうさぶつ》を説いて爾前《にぜん》二種の失《とが》一つを脱れたり。しかりといえども、いまだ発迹顕本《ほっしゃくけんぽん》せざれば、まことの一念三千もあらはれず、二乗作仏も定まらず、水中《すいちゅう》の月を見るがごとし。根なし草の波上《はじょう》に浮かべるににたり。本門《ほんもん》にいたりて、始成正覚《しじょうしょうがく》をやぶれば、四教《しきょう》の果《か》をやぶる。四教の果をやぶれば、四教の因《いん》やぶれぬ。爾前《にぜん》迹門の十界の因果を打ちやぶつて、本門十界の因果をとき顕わす。これ即ち本因本果《ほんいんほんが》の法門なり。九界も無始《むし》の仏界に具《ぐ》し、仏界も無始の九界に備りて、真《まこと》の十界互具《ごぐ》・百界千如・一念三千なるべし。『昭定』五五二頁。

◎まとめ

仏の顕本《けんぽん》―本門寿量品の発迹顕本《ほっしゃくけんぽん》

仏の真実性の開示―久遠実成《くおんじつじょう》の仏……………本仏《ほんぶつ》

仏法の真実性の開示―久成《くじょう》の法……………本法《ほんぽう》

仏土の真実性の開示―娑婆即浄土《しゃばそくじょうど》……………本土《ほんど》

仏の教益《きょうやく》の真実性の開示―久遠下種《くおんげしゅ》……………本種《ほんしゅ》

仏弟子の真実性の開示―本弟子《ほんでし》地涌菩薩……………本化《ほんげ》

○参考

爾前諸経と法華経迹門・本門

爾前諸経―未顕真実《みけんしんじつ》
教主―始成正覚の仏
教法―方便権教《ごんきょう》
法華経迹門―未顕本《みけんぽん》
教主―始成正覚《しじょうしょうがく》の仏
教法―二乗作仏《にじょうさぶつ》
法華経本門―発迹顕本
教主―久遠実成の仏
教法―久成《くじょう》の大法（「南無妙法蓮華経」）
　本因本果法門―本門十界の因果
　真《まこと》の十界互具・百界千如・一念三千―無始仏界具《むしぶっかいぐ》無始九界《くかい》・無始九界具無始仏界

5　本門《ほんもん》の本尊

本門の本尊は久遠実成の教主釈尊（寿量品《じゅりょうほん》の仏《ほとけ》）である。
本尊の原理は一念三千《いちねんさんぜん》の仏種《ぶっしゅ》である。

『観心本尊抄《かんじんほんぞんしょう》』
詮《せん》する所は、一念三千の仏種にあらざれば、有情《うじょう》の成仏も、木画二像《もくえにぞう》の本尊も有《う》名《みょう》無実《むじつ》なり。『昭定』七一一頁。原漢文。

本尊の相貌《そうみょう》
『観心本尊抄《かんじんほんぞんしょう》』
その本尊の為体《ていたらく》、本師《ほんし》の娑婆の上に、宝塔空《ほうとうくう》に居《こ》し、塔中《たっちゅう》の妙法蓮華経の左右に、釈迦牟尼仏・多宝仏。釈尊の脇士《きょうじ》は上行《じょうぎょう》等の四菩薩なり。文殊《もんじゅ》・弥勒《みろく》等の四菩薩は、眷属《けんぞく》として末座《まつざ》に居《こ》し、迹化《しゃっけ》・他方《たほう》の大小の諸菩薩は、万民《ばんみん》の大地に処《しょ》して雲閣《うんかく》・月卿《げっけい》を見るがごとし。十方の諸仏は、大地の上に処《しょ》したもう。迹仏《しゃくぶつ》・迹土《しゃくど》を表《ひょう》するが故なり。『昭定』七一二～七一三頁。原漢文。

◎まとめ
本門の本尊―久遠実成の教主釈尊（法華経虚空会《こくうえ》における要法別付《ようぼうべっぷ》の本義を体した本門の仏）
本尊の原理―一念三千の仏種（法華経本門寿量品文底観心《もんていかんじん》の仏種）

◇参照「第九章　第四節　１　本門の本尊」

６　本因本果《ほんいんほんが》の仏

本因本果の仏とは、久遠の因果を有する仏のことで、久遠実成《くおんじつじょう》の仏をいう。
本因―久遠本仏の無始無終《むしむじゅう》の因行《いんぎょう》
如来寿量品《にょらいじゅりょうほん》第十六
我れ本《もと》菩薩の道を行じて成《じょう》ぜし所の寿命、今なおいまだ尽きず。復上《またかみ》の数《かず》に倍《ばい》せり。
『法華経開結』四二一頁。
本果―久遠本仏の無始無終《むしむじゅう》の果徳《かとく》

如来寿量品第十六
しかるに我《われ》実に成仏してより已来《このかた》、久遠なることかくのごとし。『法華経開結』四一九頁。

◎まとめ
本因本果の仏—久遠実成の仏
　本因—無始久遠の因行（無始無終の因行）
　本果—無始久遠の果徳（無始無終の果徳）

○参考
無始無終《むしむじゅう》は「むしむしゅう」とも読む。

7　実修《じつしゅう》実証《じつしょう》の仏

寿量品の仏は、「久遠の実修、久遠の実証」の仏である。「久遠の実修」とは無始久遠の修行、「久遠の実証」とは無始久遠の証果《しょうか》をいう。

◎まとめ

実修実証の仏

久遠の実修—無始久遠の修行……本因（無始無終の因行）

久遠の実証—無始久遠の証果……本果（無始無終の果徳）

◯ポイント

無始無終《むしむじゅう》

無始—過去久遠……無始（過去久遠）は未来も永遠—三世常住

無終—未来永遠……無終（未来永遠）は過去も久遠—三世常住

8　三身即一《さんじんそくいつ》の仏

法華経本門寿量品《じゅりょうほん》の教主釈尊は三身即一の仏。如来寿量品第十六では応身《おうじん》に即して三身即一の仏が開顕された。

仏の三身

法身《ほっしん》―真理身

報身《ほうじん》―因果《いんが》身

応身《おうじん》―応現《おうげん》身

寿量品の仏

三身即一身（三身即一の仏身）

三身相即《さんじんそうそく》正在報身《しょうざいほうじん》―三身相即にして報身為正《いしょう》の仏身

無始無終の仏―無始の過去から無終の未来にわたり常住の仏

如来寿量品における応身《おうじん》に即した「久遠実成の仏身」の開顕《かいけん》

如来寿量品第十六

皆《みな》今の釈迦牟尼仏は、釈氏《しゃくし》の宮《みや》を出《い》でて、伽耶城《がやじょう》を去ること遠からず、道場に坐《ざ》して阿耨多羅三藐三菩提《あのくたらさんみゃくさんぼだい》を得たりと謂《おも》へり。然《しか》るに善男子《ぜんなんし》、我実《われじつ》に成仏してより已《この》

来《かた》、無量無辺百千万億那由佗劫《むりょうむへんひゃくせんまんのくなゆたこう》なり。『法華経開結』四一六頁。

如来寿量品における応身《おうじん》に即した「久遠実成の仏身」の開顕は、「三身即一の仏身」の開顕。

『開目抄《かいもくしょう》』

双林《そうりん》最後の大般涅槃経《だいはつねはんぎょう》四十巻・その外《ほか》の法華前後の諸大乗経に一字一句もなく、法身《ほっしん》の無始無終《むしむじゅう》はとけども応身報身《おうじんほうじん》の顕本《けんぽん》はとかれず。『昭定』五五三頁。

◎まとめ

三身即一の仏

寿量品の仏——三身相即正在報身《さんじんそうそくしょうざいほうじん》

三身相即の仏でありつつ報身《ほうじん》（因果身）の功徳を回《めぐ》らして衆生を救済する仏

第三節　日蓮聖人の天台大師《てんだいだいし》観

天台大師智顗《ちぎ》（五三八〜五九七）は、中国仏教において法華経を中心とした仏教の体系を樹立した。日蓮聖人は、天台大師の法華経実修を継承しつつ、末法時に具現《ぐげん》されるべき本門法華仏教の流布《るふ》につとめられた。

1　天台三大部

天台大師の多くの書物の中で、代表的講述書《こうじゅつしょ》三点を天台三大部と称する。『法華文句《ほっけもんぐ》』『法華玄義《ほっけげんぎ》』は教相《きょうそう》、『摩訶止観《まかしかん》』は観心《かんじん》の書。

日蓮聖人は、法華経の信解《しんげ》と実修《じっしゅう》とにおいて天台三大部を基盤とされた。

◎まとめ

天台三大部―天台大師の代表的講述書

『法華文句』十巻―法華経の文々句々《もんもんくく》を解説……教相の書

『法華玄義』十巻―法華経の教義内容を解説……教相の書

『摩訶止観』十巻―法華経の実践修行を解説……観心の書

日蓮聖人における法華経信解《しんげ》の基本書。

2　像法時《ぞうぼうじ》の法華経

日蓮聖人は、天台大師が法華経を流布《るふ》した時代は仏滅後像法時《ぞうぼうじ》であるとして、自身における末法時《まっぽうじ》との間に異《こと》なりを見られた。

◎まとめ

天台大師の法華経流布《るふ》―像法時

3　迹門為体《しゃくもんいたい》の法華経

日蓮聖人は、天台大師が像法時に流布した法華経は迹門《しゃくもん》を中心としたものであるとして、自身における末法時の本門《ほんもん》中心の法華経との間に異なりを見られた。

◎まとめ

天台大師の法華経流布―像法時……迹門為体《いたい》（迹門を体と為《な》す）

4　三種教相《さんしゅきょうそう》

三種教相は、法華経が他経よりもすぐれた教えであることを示す天台大師の教相である。『法華玄義』巻一に説かれている。

①根性《こんじょう》の融不融《ゆうふゆう》の相―機根の融熟《ゆうじゅく》・未融熟《みゆうじゅく》によって教相を判ずる

法華経の方便品《ほうべんぽん》第二から信解品《しんげほん》第四の教えに立脚する

法華経―機根融熟……平等の教え―真実

諸　経―機根未融熟……差別の教え―方便

②化道《けどう》（導）の始終不始終《しじゅうふしじゅう》の相―仏による衆生教化《きょうけ》の道筋《みちすじ》の有無によって教相を判ずる

法華経の化城喩品《けじょうゆほん》第七の教えに立脚する

法華経―化道（導）の始終説示……種熟脱《しゅじゅくだつ》の三益《さんやく》有り―真実

諸　経―化道（導）の始終不説……種熟脱の三益無し―方便

③師弟の遠近不遠近《おんごんふおんごん》の相―教主とその弟子における久遠説示の有無によって教相を判

ずる

法華経の如来寿量品《にょらいじゅりょうほん》第十六の教えに立脚する

法華経─師弟の遠近説示……師弟倶《とも》に久遠─真実

諸　経─師弟の遠近不説……師弟倶《とも》に無常─方便

○ポイント

日蓮聖人の見解

根性の融不融の相・化道（導）の始終不始終の相─迹門の教相

師弟の遠近不遠近の相─本門の教相

◇日蓮聖人は本門の視点から、第三の「師弟の遠近不遠近の相」を重視された。

○参考

三種教相における「化道」は「化導」の意。『法華玄義』は「化道」と表記する。

◇参照「第五章　第四節　4　第三の法門」

5　五重玄義《ごじゅうげんぎ》

五重玄義は法華経の教えを名《みょう》・体《たい》・宗《しゅう》・用《ゆう》・教《きょう》の五重の点から説き示した天台大師の法華教学の体系。『法華玄義《ほっけげんぎ》』所説。

①名玄義《みょうげんぎ》―経名《きょうみょう》を解釈する……能詮《のうせん》の名義《みょうぎ》―権実《ごんじつ》不二の妙法
②体玄義《たいげんぎ》―経体《きょうたい》を顕わす……所詮《しょせん》の理体《りたい》―実相《じっそう》の理
③宗玄義《しゅうげんぎ》―宗要《しゅうよう》を明かす……一部の宗趣《しゅうしゅ》（宗旨）―一乗《いちじょう》の因果
④用玄義《ゆうげんぎ》―力用《りきゆう》を論じる……一経の力用《りきゆう》―断疑生信《だんぎしょうしん》の力用《りきゆう》
⑤教玄義《きょうげんぎ》―教相《きょうそう》を判釈《はんじゃく》する……法華の教相《きょうそう》―無上醍醐《だいご》の妙教

○ポイント
日蓮聖人の見解
五重玄義は題目に包括《ほうかつ》される

『観心本尊抄《かんじんほんぞんしょう》』
是好良薬《ぜこうろうやく》とは、寿量品の肝要《かんよう》たる名体宗用教の南無妙法蓮華経これなり。この良薬をば、仏なお迹化《しゃっけ》に授与《じゅよ》したまわず。いかにいわんや他方《たほう》をや。『昭定』七一七頁。原漢文。

『曾谷《そや》入道殿許御書《にゅうどうどのがりごしょ》』
法華経の中にも広《こう》を捨て略《りゃく》を取り略を捨て丶要《よう》を取る。いわゆる妙法蓮華経の五字名体宗用教の五重玄なり。『昭定』九〇二頁。原漢文。

6　五時八教《ごじはっきょう》

釈尊のすべての経典を、説法の時期と内容とによって整理し、教えの本旨《ほんし》を明確にした天台大師の教判《きょうはん》。『法華玄義《ほっけげんぎ》』巻十所説。

五時
華厳時《けごんじ》―最初三七《さんしち》日間の説法
華厳経―大乗の教え

内容―円兼一別《えんけんいちべつ》……円教《えんぎょう》に別教《べっきょう》を兼ねる

鹿苑時《ろくおんじ》（阿含時《あごんじ》）―十二年間の説法

阿含経―小乗の教え

内容―但一《たんいつ》……ただ小乗のみ

方等時《ほうどうじ》―約八年間

大小乗経―大乗小乗の教え

内容―対望《たいぼう》……四教を臨む。四教を合わせ説く

対比《たいひ》……小乗と大乗、偏教《へんぎょう》と円教《えんぎょう》とを対比する

般若時《はんにゃじ》―二十二年間

般若経―大乗の教え

内容―円帯通別《えんたいつうべつ》……円教に通教《つうぎょう》・別教《べっきょう》を帯《お》びる

法華《ほっけ》・涅槃時《ねはんじ》

法華経―八年間

内容―純一《じゅんいつ》……純粋な円教

付業《ふごう》—真実開顕—悉皆成仏《しっかいじょうぶつ》

涅槃経—一日一夜

内容—追説《ついせつ》……四教を追説《ついせつ》

追泯《ついみん》……四教隔異《かくい》の執着を払拭《ふっしょく》

八教

化儀《けぎ》四教《しきょう》と化法《けほう》四教《しきょう》を合わせて八教という。

化儀四教—仏による衆生教化の儀式《ぎしき》（形式）

頓教《とんぎょう》—直頓《じきとん》の教え……たちまち導く教え

漸教《ぜんきょう》—漸次《ぜんじ》の教え……順を追って導く教え

秘密教《ひみつきょう》—秘密不定教《ひみつふじょうきょう》—会座《えざ》の聴衆互いに知らず得益不定《とくやくふじょう》（得るところの利益が一定ではない）

不定教《ふじょうきょう》—顕露不定教《けんろふじょうきょう》—会座《えざ》の聴衆互いに知り得益不定《とくやくふじょう》（得るところの利益が一定ではない）

化法四教—仏による衆生教化の教法《きょうぼう》（内容）

蔵教《ぞうきょう》―小乗教
通教《つうぎょう》―三乗に共通する教え……大乗初門の教え
別教《べっきょう》―菩薩の教え……大乗教
円教《えんぎょう》―円満な教え……真実教（真実大乗教）

○ポイント
五時八教
法華経最勝《さいしょう》の教相判釈《きょうそうはんじゃく》―法華経を中心とした仏教の体系
日蓮聖人は、天台大師の五時八教や三種教相などの教判に立脚して法華経最勝義《さいしょうぎ》を論証された。

○参考
二乗―声聞乗《しょうもんじょう》・縁覚乗《えんがくじょう》―小乗
三乗―声聞乗・縁覚乗・菩薩乗《ぼさつじょう》

7　一念三千《いちねんさんぜん》

一念三千は、天台大師が『摩訶止観《まかしかん》』巻五に説き示した観心《かんじん》法門。法華経の教えに立脚して仏道修行すること。

一念心《いちねんしん》に三千世間を即具《そくぐ》する。

一念―一念心……凡夫の日常心

三千―十界《じっかい》・十如是《じゅうにょぜ》・三種世間《さんしゅせけん》を相乗《そうじょう》した法界《ほうかい》

十界互具《ごぐ》（十界×十界）×十如是×三種世間＝三千

三千の構成要素―二経一論……華厳経《けごんきょう》・法華経・大智度論《だいちどろん》

十　界―地獄界《じごくかい》・餓鬼《がき》界・畜生《ちくしょう》界・修羅《しゅら》界・人《にん》界・天《てん》界・声聞《しょうもん》界・縁覚《えんがく》界・菩薩《ぼさつ》界・

仏界《ぶっかい》……華厳経《けごんきょう》・法華経

十如是《じゅうにょぜ》―相《そう》如是・性《しょう》如是・体《たい》如是・力《りき》如是・作《さ》如是・因《いん》如是・縁《えん》如是・果《か》如是・

報《ほう》如是・本末究竟等《ほんまつくきょうとう》……法華経

三種世間《さんしゅせけん》―衆生《しゅじょう》世間・五陰《ごおん》世間・国土《こくど》世間……大智度論《だいちどろん》

○参考

五陰《ごおん》（新訳《しんやく》では五蘊《ごうん》）―身体と心の作用《さよう》―色心《しきしん》

色《しき》―五官《ごかん》の対象となるもの（物質・身体・音声・音楽・匂など）

受《じゅ》―感受《かんじゅ》作用

想《そう》―表象《ひょうしょう》作用

行《ぎょう》―意志《いし》作用

識《しき》―認識《にんしき》作用

五官《ごかん》―五の感覚器官

眼《げん》―視覚《しかく》

耳《に》―聴覚《ちょうかく》

鼻《び》―臭覚《しゅうかく》

舌《ぜつ》―味覚《みかく》

身《しん》―触覚《そくかく》（「しょっかく」のこと）

○ポイント

日蓮聖人の見解

日蓮聖人は、一念三千は天台大師の究極《きゅうきょく》の法門であると受け止められた。

天台大師の一念三千は像法時《ぞうぼうじ》の流布《るふ》ゆえに迹門《しゃくもん》に立脚している。日蓮聖人の受け止められた一念三千は末法時《まっぽうじ》の流布ゆえに本門寿量品文底《もんてい》の法門である。

◎まとめ

天台大師の一念三千と日蓮聖人の一念三千

天台大師の一念三千―像法時―迹門為体《しゃくもんいたい》（迹門《しゃくもん》に立脚）

法華経方便品の「諸法実相《しょほうじっそう》・十如是」

日蓮聖人の一念三千―末法時―本門為体《ほんもんいたい》（本門《ほんもん》に立脚）

法華経本門寿量品の「文底《もんてい》」

第四節　日蓮聖人の伝教大師観《でんぎょうだいし》

伝教大師最澄《さいちょう》（七六七～八二二）は、唐《とう》に渡って法華仏教を日本にもたらし、比叡山《ひえいざん》を基盤として天台宗を弘めた。日蓮聖人は、伝教大師最澄の法華経実践を範《はん》とし、末法相応《そうおう》の本門法華仏教の流布《るふ》に邁進《まいしん》された。

○参考

伝教大師最澄の誕生年については七六六年説もある。

1　四宗相承《ししゅうそうじょう》

最澄は唐から円《えん》・禅《ぜん》・戒《かい》・密《みつ》の四宗を日本にもたらした。これが比叡山法華仏教の始まりで、後《のち》の時代に比叡山から鎌倉仏教が誕生する源泉となった。

◎まとめ

四宗相承―最澄が唐からもたらした……比叡山法華仏教の始まり

円―円教《えんぎょう》……法華円教《ほっけえんぎょう》

禅―修禅《しゅぜん》……牛頭禅《ごずぜん》

戒―円戒《えんかい》……円頓戒《えんどんかい》

密―密教《みっきょう》……真言密教《しんごんみっきょう》

2　日本天台宗の開宗

最澄は、延暦《えんりゃく》二十五年（八〇六）一月三日、朝廷に「請加新法華宗表」を上奏し、一月二十六日に允許《いんきょ》された。これによって天台業《てんだいごう》二人の年分度者《ねんぶんどしゃ》が認められた。これをもって日本天台宗の開宗とする。

◎まとめ

日本天台宗の開宗―延暦二十五年（八〇六）一月二十六日

年分度者―天台業二人
遮那業《しゃなごう》一人―大毘盧遮那経《だいびるしゃなきょう》の研鑽……密教の修行
止観業《しかんごう》一人―摩訶止観《まかしかん》の研鑽　　……円教の修行

3　法相宗徳一《ほっそうしゅうとくいつ》との論争《ろんそう》

天台宗の最澄と法相宗の徳一との間で、書物を通して仏性《ぶっしょう》・権実《ごんじつ》の論争がおこなわれた。これによって最澄は、法華一乗の教学をよりいっそう明確にしていった。

◎まとめ
最澄と徳一との論争《ろんそう》
仏性《ぶっしょう》論争
最澄―悉皆成仏《しっかいじょうぶつ》……すべてのものは成仏する
徳一―五性各別《ごしょうかくべつ》……成仏するもの、成仏が不確定のもの、成仏しないものがいる
権実論争《ごんじつろんそう》（三一《さんいつ》権実論争）

最澄――一乗真実三乗方便……一乗（平等思想）
徳一――三乗真実一乗方便……三乗（各別思想）

4　大乗円頓戒壇《だいじょうえんどんかいだん》の独立運動

従来、日本では小乗戒壇で受戒《じゅかい》していた。最澄は、大乗円頓戒壇の別立《べつりゅう》を繰り返し朝廷に請願《せいがん》したが、生前《せいぜん》には実現せず、入寂後《にゅうじゃくご》七日にして允許された。比叡山に大乗円頓戒壇が建立されたのはそれから五年後の天長《てんちょう》四年（八二七）のことである。

大乗円頓戒壇の建立によって、日本にはじめて大乗の菩薩僧《ぼさつそう》が誕生することとなった。

◎まとめ

日本における戒壇の推移

天下の三戒壇――小乗戒壇――小乗戒
大和国《やまとのくに》東大寺・筑前国《ちくぜんのくに》観世音寺・下野国《しもつけのくに》薬師寺
大乗円頓戒壇――大乗戒壇（迹門戒壇）――大乗円頓戒（迹門戒）

伝教大師——比叡山延暦寺…………像法時

本門の戒壇——本化《ほんげ》妙戒の壇場《だんじょう》——本門戒

日蓮聖人——本門三祕《さんぴ》有縁《うえん》の地……末法時

第五章　日蓮聖人の法華経観

第一節　法華三部経

無量義経《むりょうぎきょう》・法華経《ほけきょう》・観普賢経《かんふげんきょう》を法華三部経という。無量義経は開経《かいきょう》、観普賢経は結経《けっきょう》である。法華経を正依《しょうえ》とし無量義経と観普賢経を傍依《ぼうえ》とする。

◎まとめ

法華三部経―十巻

無量義経一巻―開経―法華経の教えを開く……傍依《ぼうえ》
法華経八巻　―法華三部経の中心の教え　……正依《しょうえ》
観普賢経一巻―結経―法華経の教えを結ぶ……傍依《ぼうえ》

第二節　法華経の分科《ぶんか》

1　法華経の分科

法華経を理解するうえで、全体を序分《じょぶん》・正宗分《しょうしゅうぶん》・流通分《るつうぶん》の三段《さんだん》に分けることを三段分科という。

◎まとめ

三段分科―法華経全体を序分・正宗分・流通分の三段に分ける

序　分―経典の前序《ぜんじょ》を説く部分……………導入

正宗分―経典の本旨《ほんし》を説く部分……………本論

流通分―経典の付嘱《ふぞく》・流通を説く結論部分……流布《るふ》

一経三段―法華経全体を三段に分ける

序　分―序品第一
正宗分―方便品第二〜分別功徳品第十七の前半
流通分―分別功徳品第十七の後半〜普賢菩薩勧発品第二十八

二門六段―法華経全体を二門に分ける
迹門三段―法華経迹門を三段に分ける
序　分―序品第一
正宗分―方便品第二〜授学無学人記品第九
流通分―法師品第十〜安楽行品第十四
本門三段―法華経本門を三段に分ける
序　分―従地涌出品第十五の前半
正宗分―従地涌出品第十五の後半〜分別功徳品第十七の前半
流通分―分別功徳品第十七の後半〜普賢菩薩勧発品第二十八

2　二処三会《にしょさんね》

法華経は霊鷲山《りょうじゅせん》と虚空《こくう》で説かれた。まず霊鷲山で説かれ、会座《えざ》が虚空に移り、その後再び霊鷲山で説かれた。霊鷲山での説法は二回、虚空での説法は一回である。これを二処三会という。

◎まとめ

二処三会―法華経説法の場所と会座《えざ》

説法の場所―霊鷲山《りょうじゅせん》と虚空《こくう》……………二処

説法の会座―前霊 山会《ぜんりょうぜんえ》・虚空会《こくうえ》・後霊 山会《ごりょうぜんえ》……三会

3　五重相対《ごじゅうそうたい》と四種三段《ししゅさんだん》（五重三段《ごじゅうさんだん》）

題目「南無妙法蓮華経」が末法の大法《だいほう》であることを明らかにする日蓮聖人の独自な教相《きょうそう》。

題目の詮顕《せんけん》

題目は末法の大法であることを明らかにする

題目の偉大な功徳を明らかにする

題目に一切法を包括することを明らかにする

題目は万徳具足《ばんとくぐそく》の本法《ほんぽう》であることを明らかにする

（1）五重相対

一切法を五重に比較相対し、題目「南無妙法蓮華経」が末法の大法であることを明らかにする。『開目抄《かいもくしょう》』所説の教相。

①内外《ないげ》相対―仏教と仏教以外の教えを比較相対して仏教を選出する

内道《ないどう》―仏教……三世の因果を説く

外道《げどう》―仏教以外の教え……三世の因果を説かない

②大小《だいしょう》相対―仏教の中でも大乗教と小乗教とを比較相対して大乗教を選出する

大―大乗教……一切衆生の成仏を説く

小―小乗教……一切衆生に仏性が具わることを説かない

③権実《ごんじつ》相対―大乗教の中でも権大乗教と実大乗教とを比較相対して実大乗教を選出する

権―権大乗教（方便大乗経）……二乗作仏・久遠実成を説かない

実―実大乗教（真実大乗経）……二乗作仏・久遠実成を説く

④本迹《ほんじゃく》相対―実大乗教（法華経）の中でも本門と迹門とを比較相対して本門を選出する

本門―仏の久遠実成《くおんじつじょう》を説き顕す

迹門―教主は始成《しじょう》正覚《しょうがく》の仏

⑤教観《きょうかん》相対―法華経本門の中でも本門の教相と観心とを比較して観心を選出する

教―本門の教相……本門寿量品文上《もんじょう》の経説（教相上の教え）

観―本門の観心……本門寿量品文底《もんてい》の経意（久遠釈尊の内証）

『開目抄《かいもくしょう》』

されば一代《いちだい》五十余年の説教《せっきょう》は外典《げてん》外道《げどう》に対すれば大乗なり。大人《だいにん》の実語《じつご》なるべし。

初成道《しょじょうどう》の始《はじめ》より泥洹《ないおん》の夕《ゆうべ》にいたるまで、説《と》くところの所説皆《しょせつみな》真実也。但《ただし》仏教に入《い》りて五十余年の経々《きょうぎょう》八万法蔵を勘《かんが》へたるに、小乗あり大乗あり、権経《ごんきょう》あり実教《じっきょう》あり、顕教密教《けんぎょうみっきょう》、軟語麁語《なんごそご》、実語妄語《じつごもうご》、正見邪見《しょうけんじゃけん》等の種々の差別あり。但《ただ》法華経計《ばか》り教主釈尊の正言《しょうごん》也。三世十方の諸仏の真言《しんごん》也。大覚世尊《だいがくせそん》は四十余年の年限を指して、其《そ》の内の恒河《ごうが》の諸経を未顕真実《みけんしんじつ》、八年の法華は要当説真実《ようとうせつしんじつ》と定め給《たま》ひしかば、多宝《たほう》仏《ぶつ》大地より出現して皆是真実《かいぜしんじつ》と証明す。分身《ふんじん》の諸仏来集《らいじゅう》して長舌《ちょうぜつ》を梵天《ぼんてん》に付く。此《こ》の言赫々《ことばかくかく》たり、明々《めいめい》たり。晴天の日よりもあきらかに、夜中《やちゅう》の満月のごとし。仰《あお》いで信ぜよ。伏《ふし》て懐《おも》うべし。但《ただ》し此の経に二十の大事あり。倶舎宗《くしゃしゅう》・成実宗《じょうじつしゅう》・律宗《りっしゅう》・法相宗《ほっそうしゅう》・三論宗《さんろんしゅう》等は名《な》をもしらず。華厳宗《けごんしゅう》と真言宗《しんごんしゅう》との二宗は偸《ひそか》に盗んで自宗の骨目《こつもく》とせり。一念三千の法門は但《ただ》法華経の本門寿量品《じゅりょうほん》の文《もん》の底《そこ》にしづめたり。『昭定』五三八～五三九頁。

○教観相対の留意点

教観相対は、文底観心《もんていかんじん》の大法「南無妙法蓮華経」を詮顕《せんけん》するための相対であり、本門の文底観心（「南無妙法蓮華経」）が明らかになれば、本門の教相と本門の観心は相即して不二《ふに》である。

本門の教相──本門正宗一品二半《ほんもんしょうしゅういっぽんにはん》（寿量《じゅりょう》）

　観に即した教……「南無妙法蓮華経の五字」

本門の観心──本門寿量品文底

　教に即した観……「南無妙法蓮華経の七字」

『観心本尊抄《かんじんほんぞんしょう》』

また本門において序《じょ》・正《しょう》・流通《るつう》あり。過去大通仏《だいつうぶつ》の法華経より、乃至《ないし》現在の華厳経、乃至迹門十四品、涅槃経等の一代五十余年の諸経、十方三世諸仏の微塵《みじん》の経々は、皆寿量の序分《じょぶん》なり。一品二半《いっぽんにはん》よりの外《ほか》は、小乗教《しょうじょうきょう》・邪教《じゃきょう》・未得道教《みとくどうきょう》・覆相教《ふそうきょう》と名《なづ》く。

『昭定』七一四頁。原漢文。

『観心本尊抄《かんじんほんぞんしょう》』

本門は序《じょ》・正《しょう》・流通《るつう》ともに末法の始《はじめ》を以て詮《せん》となす。在世の本門と末法の初《はじめ》は、一同に純円《じゅんえん》なり。ただし彼《かれ》は脱《だつ》、これは種《しゅ》なり。彼は一品二半《いっぽんにはん》、これはただ題目の五字なり。『昭定』七一五頁。原漢文。

在世の本門と末法の初―一同に純円……法体同化用異《ほったいどうけゆうい》（法体は同じで化用が異なる）

在世の本門―一品二半《いっぽんにはん》……脱（解脱《げだつ》の益《やく》）

末法の初　―題目の五字……種（下種《げしゅ》の益《やく》）

末法の観心―本門寿量品の文底観心…………「南無妙法蓮華経の五字七字」

本門の教相―寿量・一品二半…………「南無妙法蓮華経の五字」

本門の観心―本門寿量品文底・題目五字……「南無妙法蓮華経の七字」

（２）四種三段（五重三段）

一切経を五重《ごじゅう》にわたって三段分科《ぶんか》し、題目「南無妙法蓮華経」が末法の大法であることを明らかにする。『観心本尊抄《かんじんほんぞんしょう》』所説の教相。

①一代《いちだい》三段―釈尊ご一代の教えである一切経を三段に分科する

序《じょ》　分《ぶん》　―爾前《にぜん》諸経

正宗分《しょうしゅうぶん》―法華三部経
流通分《るつうぶん》―涅槃経
②十巻《じっかん》三段―法華三部経（十巻）を三段に分科する
序　分―無量義経・法華経序品第一
正宗分―法華経方便品第二～分別功徳品第十七の前半
流通分―法華経分別功徳品第十七の後半～普賢菩薩勧発品第二十八・観普賢経
③二門《にもん》六段―法華三部経（十巻）を二門に分ける
迹門《しゃくもん》三段―法華三部経の前半にあたる迹門を三段に分科する
序　分―無量義経・法華経序品第一
正宗分―法華経方便品第二～授学無学人記品第九
流通分―法華経法師品第十～安楽行品第十四
本門《ほんもん》三段―法華三部経の後半にあたる本門を三段に分科する
序　分―法華経従地涌出品第十五の前半
正宗分―法華経従地涌出品第十五の後半～分別功徳品第十七の前半

流通分―法華経分別功徳品第十七の後半～普賢菩薩勧発品第二十八・観普賢経

④本法《ほんぽう》三段―十方三世諸仏の一切経を三段に分科する

序　分―十方三世諸仏の微塵《みじん》の経々

正宗分―寿量（一品二半・妙法五字）

流通分―題目「南無妙法蓮華経」

『観心本尊抄《かんじんほんぞんしょう》』

法華経一部・八巻・二十八品、進んでは前四味《ぜんしみ》、退《しりぞ》いては涅槃経等の一代の諸経、惣《そう》じてこれを括《くく》るにただ一経なり。始め寂滅道場《じゃくめつどうじょう》より終り般若経《はんにゃぎょう》に至るまでは序分なり。無量義経・法華経・普賢経の十巻は正宗《しょうしゅう》なり。涅槃経等は流通分《るつうぶん》なり。（一代三段）

正宗《しょうしゅう》の十巻の中において、また序・正・流通あり。無量義経並に序品《じょほん》は序分なり。方便品より分別功徳品《ふんべつくどくほん》の十九行の偈《げ》に至るまでの十五品半は正宗分なり。分別功徳品の現在の四信《ししん》より普賢経に至るまでの十一品半と一巻とは、流通分なり。（十巻

三段）

また法華経等の十巻においても二経あり。おのおの序・正・流通を具《ぐ》するなり。（二門六段）

無量義経と序品は序分なり。方便品より人記品《にんきほん》に至るまでの八品は正宗分なり。法《ほっ》師品《しほん》より安楽行品《あんらくぎょうほん》に至るまでの五品は流通分なり。その教主を論ずれば始成《しじょう》正《しょう》覚《がく》の仏。本無今有《ほんむこんぬ》の百界千如を説いて、已今当《いこんとう》に超過せる随自意《ずいじい》・難信難解《なんしんなんげ》の正法《しょうぼう》なり。過去の結縁《けちえん》を尋ぬれば、大通《だいつう》十六の時、仏果《ぶっか》の下種《げしゅ》を下《くだ》し、進んでは、華厳経等の前四味《ぜんしみ》を以て助縁《じょえん》となして、大通の種子《しゅうじ》を覚知《かくち》せしむ。これは仏の本意にあらず。ただ毒発《どくほつ》等の一分《いちぶん》なり。二乗・凡夫等は、前四味を縁となして、漸々《ぜんぜん》に法華に来至《らいし》して種子を顕わし、開顕《かいけん》を遂《と》ぐるの機これなり。また在世において始めて八《はっ》品《ぽん》を聞く人《にん》・天《てん》等は、あるいは一句《いっく》・一偈《いちげ》等を聞いて下種となし、あるいは熟し、あるいは脱し、あるいは普賢《ふげん》・涅槃《ねはん》等に至り、あるいは正・像・末等に、小《しょう》・権《ごん》等を以て縁となして法華に入る。例せば在世の前四味《ぜんしみ》の者のごとし。（迹門三段）

また本門十四品の一経に序・正・流通あり。涌出品の半品を序分となし、寿量品と前後の二半と、これを正宗となし、その余は流通分なり。その教主を論ずれば始成正覚の釈尊にあらず。所説の法門もまた天地のごとし。十界久遠の上に、国土世間すでに顕《あらわ》る。一念三千殆《ほとん》ど竹膜《ちくまく》を隔《へだ》てたり。また迹門並《ならび》に前四味、無量義経《むりょうぎきょう》・涅《ね》槃経《はんぎょう》等の三説《さんせつ》は、悉《ことごと》く随他意《ずいたい》・易信易解《いしんいげ》。本門は三説の外《ほか》の難信難解《なんしんなんげ》・随自意《ずいじい》なり。

（本門三段）

また本門においても序・正・流通あり。過去大通仏《だいつうぶつ》の法華経より、乃至現在の華厳経、乃至迹門十四品、涅槃経等の一代五十余年の諸経、十方三世の諸仏の微塵《みじん》の経々は、皆《みな》寿量の序分なり。一品二半《いっぽんにはん》よりの外《ほか》は、小乗教《しょうじょうきょう》・邪教《じゃきょう》・未得道教《みとくどうきょう》・覆相教《ふそうきょう》と名《なづ》く。（本法《ほんぽう》三段）

『昭定』七一三〜七一四頁。原漢文。

第三節　末法の法華経

1　仏滅後の時代

日蓮聖人は、仏の教えの流布《るふ》は時と密接に関係しているとして、ことさら仏教的時代認識の重要性を強調された。

◎まとめ

仏法の流布と時
仏前《ぶつぜん》―今番出世《こんばんしゅっせ》の仏より以前
在世《ざいせ》―今番出世の仏の在世
滅後《めつご》―今番出世の仏の入滅後

滅後三時
正法時《しょうぼうじ》―正法が弘まる時代（教行証《きょうぎょうしょう》を具備《ぐび》）……仏滅後千年間
像法時《ぞうぼうじ》―仏教が形式化していく時代（教行有りて証が衰滅《すいめつ》）……仏滅後一千一年から二千年までの千年間
末法時《まっぽうじ》―悪機が充満し正法《しょうぼう》が衰滅していく時代（教のみ有りて行証が衰滅）……仏滅後二千一年から万年まで

五箇五百歳《ごかごひやくさい》―大集経所説《だいじっきょう》
第一の五百歳―解脱堅固《げだつけんご》（解脱を得る者が多い時代）……正法時の前五百年
第二の五百歳―禅定堅固《ぜんじょう》（修行する者が多い時代）……正法時の後五百年
第三の五百歳―読誦多聞堅固《どくじゅたもん》（経典を読誦し聞法《もんぼう》する者が多い時代）……像法時の前五百年
第四の五百歳―多造塔寺堅固《たぞうとうじ》（寺塔《じとう》が盛んに建立される時代）……像法時の後五百年
第五の五百歳―闘諍言訟白法隠没堅固《とうじょうごんじょうびゃくほうおんもつ》（争いや訴訟が多く正しい教えが隠没する時代）……末法時の初め

2　末法為正《まっぽういしょう》

日蓮聖人は、自身の出世を「闘諍言訟　白法隠没《とうじょうごんじょうびゃくほうおんもつ》」（悪世《あくせ》）の「末法時の初め」と認識し、悪世における人々の救いと社会の平安を実現する道を、法華経に見い出していかれた。それが日蓮聖人における「末法為正」の法華経受容である。

◎まとめ

末法の時代と釈尊の慈愛（「毎自作是念《まいじさぜねん》」の救済）

末法の時代―悪世《あくせ》

末法の機根―悪機《あっき》・逆機《ぎゃっき》・邪智謗法者《じゃちほうぼうしゃ》……重病者

釈尊の慈愛―末法の機根に対し偏重《へんじゅう》(重病の子供に対して親の慈愛が偏《ひとえ》に重いように、末法の悪逆者〈重病者〉には仏の慈愛がことのほか強く注がれている)

釈尊の教え―滅後末法時の大法……題目・大良薬《だいろうやく》

末法為正―末法を正《しょう》と為《な》す

末法こそ仏によって救われるべき正時《しょうじ》（まさにその時）である。

釈尊は末法悪世の人々に対しことさら深い慈愛（救済の念）を寄せられている。

末法の重病者のために題目の大良薬《だいろうやく》が留め置かれた。

末法為正の根拠

法華経の「流通分《るつうぶん》の心《こころ》」を受け取る

「流通分の心」とは、釈尊の「仏滅後の衆生救済の慈悲」（毎自作是念《まいじさぜねん》）、「受け取る」

とは、釈尊の慈悲を法華経流通分の教えに受領すること。

○参考

◇如来寿量品第十六「是好良薬《ぜこうろうやく》　今留在此《こんるざいし》　汝可取服《にょかしゅぶく》」（是《こ》の好《よ》き良薬《ろうやく》を今留《いまとど》めて此《ここ》に在《お》く、汝取《なんじと》つて服《ふく》すべし）『法華経開結』四二四〜四二五頁。

◇如来寿量品第十六「毎自作是念《まいじさぜねん》　以何令衆生《いがりょうしゅじょう》　得入無上道《とくにゅうむじょうどう》　速成就仏身《そくじょうじゅぶっしん》」（毎《つね》に自《みずか》ら是《こ》の念《ねん》を作《な》す、何《なに》を以《もっ》てか衆生《しゅじょう》をして無上道に入《い》り、速《すみ》やかに仏身《ぶっしん》を成就することを得《え》せしめんと）『法華経開結』四二九〜四三二頁。

第四節　本門の法華経

1　開会《かいえ》

法華経の特色は開会《かいえ》である。開会は開顕会入《かいけんえにゅう》のことで、開き顕し包摂《ほうせつ》するの意である。法華経はあらゆるものの開会を説くが、その代表は法《ほう》と人《にん》（仏）の開会である。

◎まとめ

開会―開顕会入……開き顕し包摂する

法の開会―開三顕一《かいさんけんいつ》（三乗を開し一乗を顕す）……迹門《しゃくもん》の開会

　　三乗―方便の教え……諸経

　　一乗―真実の教え……法華経

人の開会―開近顕遠《かいごんけんのん》（近成《ごんじょう》を開し遠成《おんじょう》を顕す）……本門《ほんもん》の開会

　　近成―始成正覚《しじょうしょうがく》……諸経の教主　法華経迹門の教主《きょうしゅ》

　　遠成―久遠実成《くおんじつじょう》……法華経本門の教主

2　迹門《しゃくもん》と本門《ほんもん》

迹門は垂迹仏《すいじゃくぶつ》（迹仏）の教え、本門は本地仏《ほんじぶつ》（本仏）の教えをいう。法華経の前半十四品は迹門、後半十四品は本門である。

◎まとめ
迹門と本門
迹門―垂迹仏（迹仏）の教え……二乗作仏《にじょうさぶつ》
序品第一～安楽行品第十四の法華経前半十四品
本門―本地仏（本仏）の教え……久遠実成《くおんじつじょう》
従地涌出品第十五～普賢菩薩勧発品第二十八の法華経後半十四品

3　二乗作仏《にじょうさぶつ》と久遠実成《くおんじつじょう》

法華経思想の二大特色は二乗作仏と久遠実成である。二乗作仏は声聞《しょうもん》・縁覚《えんがく》（二乗）の成仏をとおして一切衆生の成仏を明かすもので、法華経迹門の中心思想である。久遠実成は教主の始成正覚に即して久遠成道を明かすもので法華経本門の中心思想である。

◎まとめ
二乗作仏と久遠実成

二乗作仏―利他《りた》を欠く二乗も成仏する（一切衆生の成仏）……法華経迹門の中心思想
久遠実成―教主の久遠成道（三世常住の仏）……法華経本門の中心思想

4　第三の法門

第三の法門は、天台教学における三種教相《さんしゅきょうそう》のうち、「第三　師弟《してい》の遠近不遠近《おんごんふおんごん》の相《そう》」をいう。

第三の教相は「師弟倶《とも》に久遠」の「本門の法門」である。

師―久遠実成の仏……本門の教主釈尊
弟―久遠の弟子……本化地涌菩薩《ほんげじゆのぼさつ》

『富木《とき》入道《にゅうどう》殿《どの》御《ご》返事《へんじ》』

日蓮が法門は第三の法門なり。世間にほぼ夢のごとく、一二《いちに》をば申せども、第三をば申さず候。第三の法門は天台・妙楽・伝教もほぼこれを示せどもいまだ事《こと》おえず。所詮《しょせん》末法の今に譲り与えしなり。『昭定』一五八九～一五九〇頁。

第五節　起顕竟《きけんきょう》の法門

起顕竟は、「末法時の救いを視点として、法華経虚空会《こくうえ》の教えを受け止めた、日蓮聖人の独自な法華経観」を示す法門である。

1　法華経虚空会《こくうえ》の意義

日蓮聖人独自の法華経観
本化《ほんげ》法門の依拠《えきょ》
本化菩薩の宗教の原点

2　起顕竟の法門

虚空会《こくうえ》の法華経
　如来滅後の法華経
　　末法時の救いを視点とした法華経

起《き》

法師品第十　―如来滅後の弘経《ぐきょう》……滅後の法華経

見宝塔品第十一―虚空会　二仏並坐《びょうざ》　虚空会説法の開始

　　　　　　　三箇《さんか》の勅宣《ちょくせん》……滅後弘教の勅命《ちょくめい》

顕《けん》

従地涌出品第十五―略開近顕遠《りゃくかいごんけんのん》（涌出品後半）……久遠の本弟子の召出《しょうしゅつ》

如来寿量品第十六―広開近顕遠《こうかいごんけんのん》（寿量品・分別功徳品前半）……久遠の仏の開顕

　　　　　　　久遠の法　久遠の土

竟《きょう》

如来神力品第二十一―結要付嘱《けっちょうふぞく》……本化地涌菩薩への要法付嘱《ようぼうふぞく》（別付嘱《べっぷぞく》）

嘱累品《ぞくるいほん》第二十二　―摩頂付嘱《まちょうふぞく》……総付嘱《そうふぞく》

『新尼御前御返事《にいあまごぜんごへんじ》』

今此《こ》の御本尊は教主釈尊五百塵点劫《ごひゃくじんでんごう》より心中《しんちゅう》にをさめさせ給ひて、世に出現せさせ給ひても四十余年、其《そ》の後又法華経の中にも迹門《しゃくもん》はせすぎて、宝塔品《ほうとうほん》より事《こと》をこりて寿量品《じゅりょうほん》に説き顕《あらわ》し、神力品属累《じんりきほんぞくるい》に事極《ことき》わまりて候ひしが、……。『昭定』八六六〜八六七頁。

◇参照『宗義大綱読本』第一章　法華経と日蓮聖人

第六章　五綱《ごこう》（五義《ごぎ》）の法門

第一節　五綱（五義）の意義

日蓮宗宗義大綱「２　五綱の意義」

「五綱は、日蓮聖人が法華経を信解体得せられるに当り、考察の基盤とされた教・機・時・国・師（序）の五箇の教判であって、教と理とを明らかにする。更にそれは、宗教活動における自覚と弘教の方軌を示すものである。」

宗義大綱の要点

五綱―日蓮聖人が法華経を信解体得せられるに当たり、考察の基盤とされた教《きょう》・機《き》・時《じ》・国《こく》・師《し》（序《じょ》）の五箇《ごか》の教判《きょうはん》。

教と理を明確にする

教―久遠釈尊の真実の教え（末法の大法）

本門の肝心「南無妙法蓮華経の五字」

理―久遠釈尊の本理（法華経の妙理）

本門寿量品文底の一念三千

久遠釈尊の本理とその本理に基づいて末法の大法（「南無妙法蓮華経」の題目）が流布《るふ》し一切衆生を救済することの道理。

宗教活動における自覚の表出《ひょうしゅつ》

末法における弘教の方軌《ほうき》

1 五綱（五義）の名称

五綱は五義《ごぎ》・五義判・五義教判、五綱判・五綱教判、五知判などとも呼ばれる。日蓮聖人遺文には「五義」と表記されている。

2 五綱（五義）の意味

五綱（五義）は本化《ほんげ》仏教者としての自覚と弘教の方軌《ほうき》を示したものである。本化仏教の正当性を明らかにするとともに、主体的自覚と実践とを示すことから、単なる教相《きょうそう》という意味だけではなく、末法の世を救済する道筋《みちすじ》を示す教えである。

五綱（五義）は教・機・時・国・師（序）の五の項目を指す。教は釈尊の真実の教え（別付要法《べっぷようぼう》・本門の肝心《かんじん》「南無妙法蓮華経」）、機は末法の凡夫（謗法逆機《ほうぼうぎゃっき》・邪智謗法者《じゃちほうぼうしゃ》）、時は教えの弘まるべき時期（末法悪世《あくせ》の今時《こんじ》）、国は法華経有縁《うえん》の国土（日本国から一閻浮提《いちえんぶだい》）、序は教えの弘まる順序（教法流布《きょうぼうるふ》の先後《せんご》）を意味している。序は後に師と表現される。師は釈尊から教法弘通の命《めい》を受けた導師（本化地涌菩薩・本化上行菩薩）である。

◎まとめ

教―題目五字七字（本門の肝心「南無妙法蓮華経」）

機―末法の凡夫（末代《まつだい》の衆生「邪智謗法者《じゃちほうぼうしゃ》」）

題目の対機《たいき》……末代凡夫為正《いしょう》（末代の凡夫を正機《しょうき》と為《な》す）

順縁《じゅんえん》と逆縁《ぎゃくえん》

順縁―題目信順者

逆縁—邪智謗法者

時—末法今時《まっぽうこんじ》（末法悪世「闘諍言訟《とうじょうごんじょう》 白法隠没《びゃくほうおんもつ》の時代」）

題目流布《るふ》必然の時……末法為《い》正《しょう》

国—題目流布必然の国土（有縁国《うえんこく》日本　全世界　一閻浮提《いちえんぶだい》）

序—教法流布の先後……客観的状況判断

師—題目流布の導師（別付嘱《べっぷぞく》を受けた菩薩　本化上行菩薩《ほんげじょうぎょうぼさつ》）……主体的自覚と実践

3　五綱（五義）の意義

五綱（五義）は、法華経流布と末法救済の必然性を明らかにする教義の理論体系である。教義の理論体系は宗旨《しゅうし》の根幹である。

4　五綱（五義）の特色

五綱（五義）は仏教者としての自覚と弘教の方軌《ほうき》を示すものである。教判としては能詮《のうせん》の教と所詮《しょせん》の理とを明かし、方軌としては値難色読《ちなんしきどく》の行《ぎょう》と経文実修の証《あかし》とを示す。能詮の教は題目五字七字、所詮の理は一念三千、値難色読の行はたび重なる法難、経文実修の証は法華経の行者の真実性と釈尊因果《いんが》功徳《くどく》の自然《じねん》譲与《じょうよ》を意味する。

第二節　日蓮聖人遺文の説示

五綱（五義）について説示された佐渡配流以前の主な日蓮聖人遺文は次のとおりである。

① 『教機時国鈔《きょうきじこくしょう》』弘長二年（一二六二）

一に教とは、釈迦如来所説《しょせつ》の一切の経律論《きょうりつろん》五千四十八巻四百八十帙《ちつ》。（略）二に機とは、仏教を弘むる人は必ず機根《きこん》を知るべし。（略）三に時とは、仏教を弘めん人は必ず時を知るべし。（略）四に国とは、仏教は必ず国に依つてこれを弘むべし。（略）五に教法流布《きょうぼうるふ》の先後《せんご》とは、いまだ仏法渡らざる国にはいまだ仏法を聴《き》かざる者あり。すでに仏法渡れる国には仏法を信ずる者あり。必ず先《さき》に弘まれる法を知つて後《のち》の法を弘むべし。（略）この五義を知つて仏法を弘めば日本国の国師とも成るべきか。『昭定』二四一～二四三頁。原漢文。

②『顕謗法鈔《けんほうぼうしょう》』弘長二年（一二六二）

第四弘法《ぐほう》用心抄《ゆうじんしょう》。夫《それ》仏法をひろめんとをもはんものは必ず五義を存して正法《しょうぼう》をひろむべし。五義とは、一には教、二には機、三には時、四には国、五には仏法流布の前後なり。『昭定』二六三〜二六四頁。

③『南条《なんじょう》 兵衛《ひょうえ》七郎殿《しちろうどの》御書《ごしょ》』文永元年（一二六四）

一切衆生の本師《ほんし》にてまします釈尊の教こそ本《もと》にはなり候べけれ是一。（略）当世の人人は謗法《ほうぼう》の者としろしめすべし是二。（略）時があはざる也是三。（略）彼国《かのくに》によかりし法なれば必ず此《こ》の国にもよかるべしとは思ふべからす是四。又仏法流布《るふ》の国においても前後を勘《かんが》ふべし。仏法を弘むる習《ならい》、必ずさきに弘《ひろ》まりける法の様《さま》を知るべき也是五。『昭定』三二九〜三三五頁。

『教機時国鈔』『顕謗法鈔』は、伊豆配流《はいる》中に述作された。『南条兵衛七郎殿御書』は小松原《こまつばら》法難から約一ヶ月後に記された書簡である。このように五綱（五義）は値難色読《ちなんしきどく》体験の中で表明された。そのことは、法華経の流布と法難の必然的関係性を示している。

佐渡期以降に、五綱（五義）について説示された代表的な日蓮聖人遺文は次のとおりである。

④『曾谷《そや》入道殿許御書《にゅうどうどのがりごしょ》』文永十二年（一二七五）

それおもんみれば重病を療治《りょうち》するには良薬《ろうやく》を構索《こうさく》し、逆謗《ぎゃくぼう》を救助《くじょ》するには要法《ようぼう》には しかず。いわゆる時を論ずれば正像末。教を論ずれば小大《しょうだい》・偏円《へんえん》・権実《ごんじつ》・顕密《けんみつ》。国を論ずれば中辺の両国。機を論ずれば已逆《いぎゃく》と未逆《みぎゃく》と、已謗《いぼう》と未謗《みぼう》と。師を論ずれば凡師《ぼんし》と聖師《しょうし》と、二乗《にじょう》と菩薩《ぼさつ》と、他方《たほう》と此土《しど》と、迹化《しゃっけ》と本化《ほんげ》となり。ゆえに四依《しえ》の菩薩等滅後に出現し、仏の付属《ふぞく》に随つて妄《みだ》りには経法《きょうぼう》を演説《えんぜつ》したまわず。『昭定』八九五頁。原漢文。

第三節　法華経の依文《えもん》

法華経の教えに見る五綱（五義）の依文《えもん》は次のとおりである。

法華経如来神力品《にょらいじんりきほん》第二十一

如来の滅後において、仏の所説の経の因縁《いんねん》及び次第《しだい》を知つて、義《ぎ》に随つて実《じつ》の如く説かん。『法華経開結』五〇五頁。

「如来の滅後」は時、「仏の所説の経」は教、「因縁及び次第」は機・国・序、「義に随つて実の如く説かん」は師を示している。

日蓮聖人は『観心本尊抄《かんじんほんぞんしょう》』に次のように述べられている。

この時、地涌の菩薩、始めて世に出現し、ただ妙法蓮華経の五字を以て幼稚《ようち》に服《ふく》せしむ。『昭定』七一九頁。原漢文。

「この時」は時、「地涌の菩薩」は師、「世」は国、「妙法蓮華経の五字」は教、「幼稚」は機、「服せしむ」は師の教導を示している。

第四節　五綱（五義）の各説

1　教

日蓮宗宗義大綱「2　五綱の意義　教」
「教は、一念三千を包む法華経寿量品の肝心、南無妙法蓮華経をいい、五重相対・四種三段等の教判によって詮顕されたものである。」

宗義大綱の要点

教―一念三千を包む法華経寿量品の肝心「南無妙法蓮華経」

教の詮顕《せんけん》―五重相対・四種三段等の教判によって明らかにされた教え

教は題目五字七字である。教を詮顕《せんけん》する教判には『開目抄《かいもくしょう》』の五重相対（『昭定』五三八～五三九頁)、『観心本尊抄《かんじんほんぞんしょう》』の四種三段（五重三段）（『昭定』七一三～七一四頁）などがある。

教―題目五字七字

◎まとめ

末法の教―題目「南無妙法蓮華経の五字七字」

釈尊因果《いんが》

仏種《ぶっしゅ》

良薬《ろうやく》

要法《ようぼう》
如意宝珠《にょいほうじゅ》
五重玄義《ごじゅうげんぎ》
本門《ほんもん》の肝心《かんじん》

◇参照「第五章　第二節　3　五重相対と四種三段（五重三段）」

2　機

日蓮宗宗義大綱「2　五綱の意義　機」
「機は、教が与えられる対象で、末法の凡夫をいい、等しく下種の大益を享受する。」
宗義大綱の要点
　機――教が与えられる対象
　　末法の凡夫

等しく下種の大益《たいやく》を享受する

久遠釈尊は、題目の大法によって、末法の凡夫である一切衆生を等しく救済される。衆生は題目受持によって「久遠釈尊の因果《いんが》の功徳《くどく》」を自然《じねん》に譲与《じょうよ》される。「久遠釈尊の因果の功徳」の自然譲与は受持者の仏種の受得《じゅとく》を意味する。

機は末法の謗法逆機である。法華経如来寿量品第十六には「毒気深入者《どっけじんにゅうしゃ》」「失本心者《しっぽんしんしゃ》」等と説かれている。末法の衆生は久遠下種《げしゅ》を受けながらも「毒気深入」のために「失本心」した「幼稚《ようち》」の者である。

◎まとめ

末法の機

毒気深入者《どっけじんにゅうしゃ》

失本心者《しっぽんしんしゃ》

顛倒《てんどう》の凡夫《ぼんぷ》

末代悪機《まつだいあっき》
末代逆機《まつだいぎゃっき》
末代幼稚《まつだいようち》
名字即《みょうじそく》
邪智謗法者《じゃちほうぼうしゃ》

◇参照「第八章　仏種と化益」

3　時

日蓮宗宗義大綱「2　五綱の意義　時」

「時は、教と必然的に相応する末法今時の意味である。」

宗義大綱の要点

　時—教と必然的に相応する末法今時

教（題目「南無妙法蓮華経」）によって救われるべき時。

末法時は邪智謗法者《じゃちほうぼうしゃ》充満の時代であることから、末法の大法である題目「南無妙法蓮華経」によって救われるべき時である。

時は法華経流布《るふ》必然の時代をいう。末法時は謗法逆機充満の悪世《あくせ》であり、そのような時こそ、釈尊の大いなる慈悲の光が発せられ、別付要法《べっぷようぼう》の題目による救いが成就する必然性に満ちている。

◎まとめ

末法時―如来滅後二千年を経過した時代

謗法逆機充満の悪世

釈尊の大いなる慈悲の光が向けられている時代

題目によって救われる時代

末法の救い―末法為正《いしょう》（末法こそ救われるべき正時《しょうじ》）

釈尊の慈愛（毎自作是念《まいじさぜねん》）―偏重《へんじゅう》の慈悲

本門の大法（題目五字七字）―大良薬
末代《まつだい》の幼稚《ようち》（毒気深入者《どっけじんにゅうしゃ》）―重病者

◇参照「第五章　第三節　末法の法華経」

4　国

日蓮宗宗義大綱「2　五綱の意義　国」
「国は、教の流布する場であり、日本をはじめとする全世界が国である。」

宗義大綱の要点
国―教の流布する場　日本をはじめとする全世界
国は釈尊の正法《しょうぼう》である題目が流布する国土（化境《けきょう》。教化《きょうけ》の場所）をいう。とくに日本国は法華経流布に深い縁のある国である。したがって題目の信仰は日本から広く全世界（一閻浮提《いちえんぶだい》）に弘まる。

◎まとめ

国━釈尊の正法である題目が流布する国土

法華経有縁《うえん》の日本から全世界（一閻浮提《いちえんぶだい》）に流布する

５　序

序は「ついで」とも読み順序を意味する。仏法が弘まる順序をいう。

序━仏法流布の順序

　仏法を弘めるうえでの次第

　　仏法は方便の教えから真実の教えへと順序を追って弘まる

◎まとめ

序━仏法流布の先後（前後）━仏法が弘まる順序

前権後実《ぜんごんごじつ》━最初は権《ごん》（方便）の教えが弘まり次第に実《じつ》（真実）の教えが弘まる

6　序から師へ

日蓮宗宗義大綱「2　五綱の意義　師」
「師は、教・機・時・国の意義と次第とを知り、これを自覚し、実践する仏教者である。」

宗義大綱の要点
師―教・機・時・国の意義と次第とを知り、これを自覚し、実践する仏教者

序が仏法流布の順序を客観的に示すに対し、師は仏法を主体的に弘通する導師を意味する。

日蓮聖人は法華経を信受し弘通するなかで、「仏子《ぶっし》」（仏の子）「仏弟子」（仏の弟子）「仏使《ぶっし》」（仏の使い）「行者」（法華経の修行者）としての自覚と責任を深めていかれた。なかでも、数々の法難を被《こうむ》るなかで法華経色読《しきどく》の法悦《ほうえつ》を感受《かんじゅ》し、「真《まこと》の法華経の行者」「別付嘱《べっぷぞく》の地涌菩薩」「本化《ほんげ》上行菩薩」としての自覚を深め、末法の世に題目を広宣流布《こうせんるふ》

するために身命《しんみょう》を捧げられた。

序から師への変化

五綱（五義）のうち、序はやがて師（本化上行菩薩）と表記されるようになる。序が客観的情況判断であるに対し、師は釈尊の御意《みこころ》を帯《たい》して教えを弘める導師の自覚に立脚している。導師であることの表明は値難色読《ちなんしきどく》の実証《じっしょう》が必要であることから、佐渡期以降となる。

値難色読の実証とは弘長《こうちょう》年間の伊豆流罪と文永《ぶんえい》年間の佐渡配流を指す。日蓮聖人は、これをもって法華経勧持品《かんじほん》第十三の「数数見擯出《さくさくけんひんずい》」（数数擯出《しばしばひんずい》せられん）の経文を身をもって読んだとされた。

師は釈尊の正法《しょうぼう》である題目を流布する導師《どうし》である。末法の導師は法華経虚空会《こくうえ》において三仏から付嘱《ふぞく》を蒙《こうむ》った本化の菩薩である。とくにその最上首たる上行菩薩こそ最高の指導者である。日蓮聖人は本化上行菩薩の自覚のもとに、題目弘通を使命とし忍難慈《にんなんじ》勝《しょう》の生涯をおくられた。

末法における大法弘通の師（本化《ほんげ》上行菩薩）について述べられた主な遺文は次のとおりである。

①『観心本尊抄《かんじんほんぞんしょう》』『昭定』七一六〜七二〇頁。（末法の師についての叙述部分を参照）

②『法華取要抄《ほっけしゅようしょう》』

日蓮は広略《こうりゃく》を捨てて肝要《かんよう》を好む。いわゆる上行菩薩所伝《しょでん》の妙法蓮華経の五字なり。

『昭定』八一六頁。原漢文。

③『法華取要抄《ほっけしゅようしょう》』

かくのごとく国土乱れて後《のち》、上行等の聖人出現し、本門の三つの法門これを建立《こんりゅう》し、一四天四海《いっしてんしかい》一同に妙法蓮華経の広宣流布《こうせんるふ》疑いなきものか。『昭定』八一八頁。原漢文。

④『曾谷入道殿許御書《そやにゅうどうどのがりごしょ》』

それおもんみれば重病を療治《りょうち》するには良薬《ろうやく》を構索《こうさく》し、逆謗《ぎゃくぼう》を救助《くじょ》するには要法《ようぼう》にはしかず。いわゆる時を論ずれば正像末。教を論ずれば小大《しょうだい》・偏円《へんえん》・権実《ごんじつ》・顕密《けんみつ》。国を論ずれば中辺《ちゅうへん》の両国。機を論ずれば已逆《いぎゃく》と未逆《みぎゃく》と、已謗《いぼう》と未謗《みぼう》と。師を論ずれば凡師《ぼんし》と聖師《しょうし》と、二乗と菩薩と、他方《たほう》と此土《しど》と、迹化《しゃっけ》と本化《ほんげ》となり。『昭定』八九五頁。

原漢文。

◎まとめ

序から師へ

契機となったのは文永八年の一連の法難（龍口法難・佐渡法難）。

法華経勧持品《かんじほん》第十三の「数数見擯出《さくさくけんひんずい》」の色読《しきどく》完遂。

本化上行菩薩《ほんげじょうぎょうぼさつ》としての自覚と使命を表明。

◇参照『宗義大綱読本』第二章　五綱の教判

第七章　一念三千の法門

第一節　本門の一念三千

1　一念三千の重要性

一念三千は教学の根幹となる重要な法門である。

仏法の骨髄《こつずい》
釈尊の神髄《しんずい》
法華経の極理《ごくり》
観心《かんじん》の綱骨《こうこつ》
末法の事《じ》法門
一大事《いちだいじ》の法門

2　一念三千の構成

一念三千の一念は一念心《いちねんしん》のことで凡夫の己心《こしん》をいい、三千は十界互具《ごぐ》（百界）・十如是・三種世間を相乗《そうじょう》した三千種世間《さんぜんしゅせけん》をいう。

◎まとめ

一念三千の構成

　一念

　　一念心・凡夫の己心

三千

　十界互具（百界）×十如是×三種世間《さんしゅせけん》＝三千

　十　界―地獄界・餓鬼界・畜生界・修羅界・人界・天界・声聞界・縁覚界・菩薩界・仏界

十如是―相如是・性如是・体如是・力如是・作如是・因如是・縁如是・果如是・

報如是・本末究竟等《ほんまつくきょうとう》
三種世間―衆生《しゅじょう》世間・五陰《ごおん》世間・国土《こくど》世間

3　迹門《しゃくもん》の一念三千と本門の一念三千

迹門の一念三千は法華経方便品の諸法実相十如是に立脚した「万物の真実相」を示す理具《りぐ》の法門である。

本門の一念三千は本門寿量品の文《もん》の底《そこ》に沈められた「釈尊内証」の事具《じぐ》の法門である。

◎まとめ
迹門の一念三千と本門の一念三千
迹門の一念三千―方便品の諸法実相十如是……理具
本門の一念三千―本門寿量品の文底《もんてい》……………事具

◇天台大師の一念三千については「第四章　第三節　7　一念三千」参照

第二節　一念三千と妙法五字

日蓮聖人は、一念三千を「宝珠《ほうじゅ》」「仏種《ぶっしゅ》」等と表現されている。その「宝珠」「仏種」等は同時に「妙法五字」にも譬えられることから、一念三千と妙法五字は「宝珠」「仏種」等を媒介として本質的に共通している。

◎まとめ

一念三千と妙法五字

一念三千

宝珠・仏種―一念三千法門の価値的表現

妙法五字

良薬《ろうやく》―成仏の妙薬《みょうやく》

仏種―成仏の種子《しゅうじ》

如意《にょい》宝珠―無上の功徳

久遠釈尊の因果《いんが》―釈尊の功徳
要法《ようぼう》・大法《だいほう》・祕法《ひほう》・正法《しょうぼう》―一代聖教《いちだいしょうぎょう》の肝心　一部の意《こころ》
五重玄義《ごじゅうげんぎ》―法華経の玄義

＊法華経の絶大なる功徳の表明

『観心本尊抄』

一念三千《いちねんさんぜん》を識《し》らざる者には、仏大慈悲《だいじひ》を起し、五字の内にこの珠を裹《つつ》み、末代幼稚《まつだいようち》の頸《くび》に懸《か》けさしめたもう。『昭定』七二〇頁・原漢文

◇参照『宗義大綱読本』第三章　一念三千と妙法五字

第八章　仏種《ぶっしゅ》と化益《けやく》

第一節　仏種

1　仏種の意味

仏種は仏種子とも称し、仏に成る因子《いんし》である。仏性《ぶっしょう》が理念的であるに対し、仏種は具体的である。植物が種から発芽《はつが》し生長して花を咲かせ実《み》を結ぶことに譬える。

◎まとめ

仏種の意味―仏と成る要因

仏性と仏種

仏性―仏としての理性《りしょう》。衆生本具《ほんぐ》の普遍的覚性《かくしょう》―理念的

仏種―仏の種子《しゅうじ》。仏となる因―具体的

2　仏種と題目

日蓮聖人は、題目を「仏種」「良薬《ろうやく》」「宝珠」「釈尊因果」「要法《ようぼう》」「五重玄義《ごじゅうげんぎ》」「本有《ほんぬ》の三因《さんいん》」等と説明し、功徳の絶大性、法門の偉大性を論証されている。

◎まとめ

仏種と題目

仏種即題目

良薬即題目

釈尊因果即題目

要法即題目

五重玄義即題目

本有三因仏性即題目

〇参考

本有の三因仏性 ― 本来具有《ぐゆう》している三因仏性

三因仏性

正因《しょういん》仏性―理性《りしょう》具足の仏性（本来具有している仏性）

了因《りょういん》仏性―正因仏性を開発《かいほつ》する智慧《ちえ》

縁因《えんいん》仏性―智慧を発起《ほっき》する諸縁善行《しょえんぜんぎょう》

『観心本尊抄《かんじんほんぞんしょう》』

華厳経・大日経等は一往《いちおう》これを見るに、別《べつ》・円《えん》、四蔵《しぞう》等に似たれども、再往《さいおう》これを勘《かんが》うれば、蔵《ぞう》・通《つう》二教に同じていまだ別・円にも及ばず。本有《ほんぬ》の三因これなし。何を以てか仏の種子《しゅうじ》を定めん。『昭定』七一一頁。原漢文。

第二節　仏の衆生教化《しゅじょうきょうけ》

1　仏の衆生教化

仏が衆生を教化する方法・手順

（1）三益《さんやく》　―仏の衆生教化の道筋

下種益《げしゅやく》―仏種を下《くだ》す

熟　益《じゅくやく》―下された仏種が調熟《じょうじゅく》する

脱　益《だっちゃく》―機が熟し解脱《げだつ》する

（2）三五《さんご》の二法―迹門の下種と本門の下種

三―三千《さんぜん》久遠下種（法華経化城喩品第七の所説）……………迹門の下種

五―五百《ごひゃくおく》億久遠下種（法華経如来寿量品第十六の所説）……本門の下種

（3）仏の衆生教化の始終《しじゅう》―仏の衆生教化の始めと終わり

化道（導）の始終

化道（導）の始―下種益《げしゅやく》

化道（導）の終―脱《だっちゃく》益

（４）成仏の根源―久遠下種結縁《けちえん》

真の下種は本門寿量品の下種結縁である

一切の成仏は久遠下種結縁を因とする

（５）真の仏種

一念三千の仏種―「本門寿量品の仏」の種

○参考

三種教相における「化道」は「化導」の意味。『法華玄義』は「化道」と表記する。

２　迹門三益《しゃくもんさんやく》と本門三益《ほんもんさんやく》

（１）迹門三益

下種益―大通《だいつう》下種（法華経化城喩品第七所説の大通智勝如来《だいつうちしょうにょらい》の御代《みよ》における十六菩薩の覆講法華《ふこうほっけ》）

熟　益―中間前四味《ちゅうげんぜんしみ》（爾前《にぜん》諸経）

脱　益―迹門三周説法《さんしゅうせっぽう》

（2）本門三益

下種益―久遠下種（法華経如来寿量品第十六所説の無始久遠の下種）

熟　益―大通《だいつう》・前四味《ぜんしみ》・迹門

脱　益―本門寿量品（一品二半《いっぽんにはん》）

3　末法の下種《げしゅ》

（1）逆縁《ぎゃくえん》下種

末法の衆生は悪逆機のため、仏に違背し正法を誹謗《ひぼう》する。そのために末法の衆生教化は逆縁下種となる。

末法の衆生―悪機《あっき》・逆機《ぎゃっき》・邪智謗法者《じゃちほうぼうしゃ》

末法の衆生教化―強いて正法を説いて教化する……逆縁下種

逆縁下種の教え

法華経常不軽菩薩品《じょうふきょうぼさつぽん》第二十

常不軽菩薩の弘法《ぐほう》

但行礼拝《たんぎょうらいはい》―二十四字

末法の題目弘通

上行菩薩の弘教《ぐきょう》

題目宣布《せんぷ》―五字七字

（２）本已有善《ほんいうぜん》と本未有善《ほんみうぜん》

本已有善と本未有善は、釈迦と不軽《ふきょう》の弘法を対比して解説したもの。『法華文句』巻十の常不軽菩薩品釈に説かれている。

本已有善―本已《もとすで》に善有り……過去下種の者

「釈迦、小を以てこれを将護《しょうご》す」……釈尊在世の衆生教化

本未有善―本未《もといま》だ善有らず……過去未下種の者

「不軽、大を以てこれを強毒《ごうどく》す」……逆縁者に対する折伏下種

○留意点

法華経寿量品の父子結縁《ふしけちえん》（良医治子《ろういじし》の譬え）の教えによれば、一切衆生は久遠釈尊の子供（愛子《あいし》）であることから「末下種の者」は存在しない。本末有善（末下種の者）とは父なる久遠釈尊に違背し正法を誹謗《ひぼう》する者をいう。「末下種」の本質は機の「不信」である。

（3）末法の種脱

末法の下種は即脱益《だっちゃく》である。末法の正法である題目を信受念持する者は、釈尊から「釈尊の因行果徳」（久遠釈尊の因果の功徳）を自然《じねん》に譲与され成仏の証果《しょうか》を得る。

末法の種脱

種即脱―種脱一双《しゅだついっそう》

4　天台教学の三益論《さんやくろん》と日蓮聖人の三益論《さんやくろん》

天台教学の三益論は三千久遠下種に立脚した番番《ばんばん》の化益《けやく》である。日蓮聖人の三益論は五百億久遠下種に立脚した本門三益で、題目受持の当所に「久遠釈尊の因果の功徳」を自然《じねん》に受得する。

◎まとめ

天台教学の三益論――三千久遠下種に立脚した番番化益（悠久《ゆうきゅう》の歴史のなかで、次々に仏が出現し、あらゆる場面で衆生を化益される）

日蓮聖人の三益論――五百億久遠下種に立脚した本門三益（題目受持による久遠釈尊の因果の功徳の自然譲与《じねんじょうよ》。久遠下種の顕示《けんじ》）

第九章　三大祕法《さんだいひほう》の開出《かいすい》

第一節　三大祕法の意義

日蓮宗宗義大綱「３　三祕の意義」

「三大祕法は、本門の教主釈尊が末法の衆生のために、本化の菩薩に付属された南無妙法蓮華経の一大祕法に基づいて、開出されたものである。日蓮聖人は、この一大祕法を行法として「本門の本尊」「本門の題目」「本門の戒壇」と開示された。末法の衆生は、この三大祕法を行ずることによって、仏の証悟に安住する。」

宗義大綱の要点

三大祕法―本門の教主釈尊が末法の衆生のために、本化上行菩薩に付嘱された南無妙法蓮華経の一大祕法に基づいて、開出《かいすい》された。

日蓮聖人は、この一大祕法を行法として「本門の本尊」「本門の題目」「本門の戒壇」と開示された。
末法の衆生は、この三大祕法を行ずることによって、仏の証悟に安住する。

1　一大事の法門

三大祕法は末法の世を救済する「一大事の法門」「本門事行《じぎょう》の法門」である。

2　一大祕法と三大祕法

三大祕法は、法華経虚空会《こくうえ》において本門の教主釈尊が本化上行菩薩に別付嘱された結要《けっちょう》の法である「南無妙法蓮華経」の一大祕法に基づいて開出《かいすい》された「末法の大法」である。

◎まとめ
一大祕法と三大祕法
一大祕法＝三大祕法——一祕即三祕　三祕即一祕

3　末法の観心《かんじん》

末法時における信行者の観心は、三祕を相即具足《そうそくぐそく》した大法を建立《こんりゅう》することで、これが「事行《じぎょう》の南無妙法蓮華経の五字七字」である。

具体的には、「信心帰依《しんじんきえ》の本門の本尊」、「三業受持《さんごうじゅじ》の本門の題目」、「受戒信行《じゅかいしんぎょう》の道場としての本門の戒壇」の三大祕法を信行し実現することである。

◎まとめ

末法の観心―三祕相即の大法建立
「事行の南無妙法蓮華経の五字七字」
本門の本尊―信心帰依《しんじんきえ》……………三祕具足の本門本尊
本門の題目―三業受持《さんごうじゅじ》……………三祕具足の本門題目
本門の戒壇―受戒信行《じゅかいしんぎょう》の道場……三祕具足の本門戒壇

4　本門の三学《さんがく》

三大祕法の実現は本門三学の実修《じっしゅう》を意味する。
本門の定学《じょうがく》は本門の本尊、本門の慧学《えがく》は本門の題目、本門の戒学《かいがく》は本門の戒壇である。

◎まとめ

本門三学と三大祕法
　本門の定学―本門の本尊
　本門の慧学―本門の題目
　本門の戒学―本門の戒壇
本門三学の実修―三大祕法の実現

5　三大祕法の概要

本門の本尊―本門の教主釈尊

本門の題目──「南無妙法蓮華経」
久遠釈尊の証悟《しょうご》・妙智《みょうち》・因果《いんが》。仏種《ぶっしゅ》・宝珠《ほうじゅ》・良薬《ろうやく》
本門の戒壇──本門妙戒受持（題目受持）の道場
三祕具足……三祕の信に立脚し、本門妙戒を持《たも》ち、本門本尊に帰依《きえ》し、本門題目を受持し、三祕を弘通して立正安国《りっしょうあんこく》を実現する

第二節　日蓮聖人遺文の説示

一大祕法・三大祕法の呼称に関する主な日蓮聖人遺文の説示は次のとおりである。

①『富木《とき》入道殿《にゅうどうどの》御返事《ごへんじ》』文永八年（一二七一）
天台伝教は粗《ほぼ》釈し給へども之《これ》を弘め残せる一大事の祕法を此《こ》の国に初めて之《これ》を弘む。日蓮豈《あに》其《そ》の人にあらざらんや。『昭定』五一六頁。

②『法華《ほっけ》行者《ぎょうじゃ》値難事《ちなんじ》』文永十一年（一二七四）
天台・伝教はこれを宣《の》べて、本門の本尊と四菩薩と戒壇と南無妙法蓮華経の五字とはこれを残したまう。所詮《しょせん》、一には仏授与《ほとけじゅよ》したまわざるが故に、二には時機未熟《みじゅく》の

故なり。『昭定』七九八〜七九九頁。

③『法華取要抄《ほっけしゅようしょう》』文永十一年（一二七四）

問て云く、如来滅後二千余年に龍樹《りゅうじゅ》・天親《てんじん》・天台《てんだい》・伝教《でんぎょう》の残したまえる所の祕法とは何物《なにもの》ぞや。答て曰く、本門の本尊と戒壇と題目の五字となり。『昭定』八一五頁。原漢文。

④『法華取要抄《ほっけしゅようしょう》』文永十一年（一二七四）

かくのごとく国土乱れて後《のち》、上行等の聖人《しょうにん》出現し、本門の三つの法門これを建立《こんりゅう》し、一四天四海《いっしてんしかい》一同に妙法蓮華経の広宣流布《こうせんるふ》疑いなきものか。『昭定』八一八頁。原漢文。

⑤『報恩抄《ほうおんしょう》』建治二年（一二七六）

問うて云く、天台伝教の弘通《ぐづう》し給わざる正法《しょうぼう》ありや。答えて云く、有り。求めて云く、何物ぞや。答えて云く、三《みつ》あり。末法のために仏留《とど》め置き給う。迦葉《かしょう》・阿難《あなん》等、馬鳴《めみょう》・龍樹《りゅうじゅ》等、天台・伝教等の弘通せさせ給はざる正法なり。求めて云く、其《そ》の形《ぎょう》貌《みょう》如何《いかん》。答えて云く、一《ひとつ》には日本乃至《ないし》一閻浮提《いちえんぶだい》一同に本門の教主釈尊を本尊とすべし。所謂《いわゆる》宝塔の内《うち》の釈迦多宝、外《そと》の諸仏、並《ならび》に上行等の四菩薩脇士《きょうじ》となるべし。

二《ふたつ》には本門の戒壇。三《みっ》には日本乃至漢土月氏《かんどがっし》一閻浮提《いちえんぶだい》に人ごとに有智無智《うちむち》をきらはず、一同に他事《たじ》をすてて南無妙法蓮華経と唱うべし。『昭定』一二四八頁。

日蓮聖人は「一大事の祕法」「祕法」「本門三法門」「末法の正法」などと表現されている。

第三節　法華経の依文《えもん》

三大祕法の原拠《げんきょ》は法華経虚空会《こくうえ》を中心とする本門八品《はっぽん》である。本門八品とは従地涌《じゅうじゆ》出品《じゅっぽん》から嘱累品《ぞくるいほん》までの本化地涌《ほんげじゆ》菩薩来還《らいげん》の諸品を指す。

法華経虚空会の主たる説相は起顕竟《きけんきょう》の法門によって知ることができる。起顕竟の法門は『新尼御前御返事《にいあまごぜんごへんじ》』に教示されている。その主旨は釈尊の勅宣《ちょくせん》と本化の誓言《せいごん》に基づく結要《けっちょう》の別付嘱《べっぷぞく》である。

すなわち、起《き》は法師品所説の如来滅後の弘経《ぐきょう》と見宝塔品所説の虚空会における三箇《さんか》の勅宣《ちょくせん》、顕《けん》は従地涌出品所説の久遠教化《くおんきょうけ》の弟子と如来寿量品所説の久遠実成《くおんじつじょう》の仏、竟《きょう》は如来神力品所説の結要《けっちょう》の別付嘱《べっぷぞく》と嘱累品所説の総付嘱《そうふぞく》である。

◇参照「第五章　第五節　起顕竟の法門」

第四節　三大祕法の各説

1　本門の本尊《ほんぞん》

日蓮宗宗義大綱「3　三祕の意義　本門の本尊」

「本門の本尊は、伽耶《がや》成道の釈尊が、寿量品でみずから久遠常住の如来であることを開顕された仏である。宗祖は、この仏を本尊と仰がれた。そして釈尊の悟りを南無妙法蓮華経に現わし、虚空会上に来集した諸仏諸尊が、その法に帰一している境界を図示されたのが大曼荼羅である。」

宗義大綱の要点

本門の本尊—伽耶《がや》成道の釈尊が、寿量品でみずから久遠常住の如来であることを開顕された仏。

釈尊の悟り—南無妙法蓮華経

大曼荼羅《だいまんだら》本尊──虚空会上《こくうえじょう》に来集《らいじゅう》した諸仏諸尊が、南無妙法蓮華経に帰一《きいつ》している境界《きょうがい》を図示された。

（1）本尊の意味
本門の本尊と信行者との感応道交《かんのうどうきょう》の世界
本門の本尊は信仰礼拝の対象であると同時に、信行者との感応道交において本尊の義を成ずる。

（2）本尊の本質
根本尊崇《こんぽんそんすう》
本来尊重《ほんらいそんちょう》
本有尊形《ほんぬそんぎょう》

（3）本尊の原理
一念三千の仏種
『観心本尊抄《かんじんほんぞんしょう》』

詮《せん》する所は一念三千の仏種にあらざれば、有情《うじょう》の成仏も、木画《もくえ》二像《にぞう》の本尊も有名《うみょう》
無実《むじつ》なり。『昭定』七一一頁。原漢文。

(4) 本尊の実体

本尊の実体は久遠実成本師釈迦牟尼仏である。

(5) 本尊の相貌《そうみょう》

日蓮聖人の教示によれば、本尊の相貌には首題《しゅだい》・釈迦一尊《しゃかいっそん》・大曼荼羅《だいまんだら》・一尊四士《いっそんしし》・一塔両尊四士《いっとうりょうそんしし》などがある。

本尊の相貌の相異は、教法《きょうぼう》で顕わすか仏格《ぶっかく》で顕わすか、能説《のうせつ》で顕わすか所説《しょせつ》で顕わすか、教相《きょうそう》で顕わすか観心《かんじん》で顕わすかなどによるものである。本尊の剋体《こくたい》は一念三千を原理とするものであり、このことにおいて本尊に変わりはない。

◎まとめ

本尊の相貌

首題本尊

釈尊本尊
大曼荼羅本尊
一尊四士本尊
一塔両尊四士本尊

所顕の主点
教法所顕《きょうぼうしょけん》—教法を主点として顕わす
仏格《ぶっかく》所顕—仏を主点として顕わす
能説《のうせつ》所顕—「教を説示された仏」を主点として顕わす
所説《しょせつ》所顕—「仏によって説示された教法」を主点として顕わす
教相《きょうそう》所顕—教相を主点として顕わす
観心《かんじん》所顕—観心を主点として顕わす

（６）佐前《さぜん》と佐後《さご》の教示

佐前と佐後によって概して次のような特徴が見られる。

佐前—鎌倉期
首題本尊
釈尊本尊
佐後—佐渡期・身延期
大曼荼羅本尊
一尊四士本尊
一塔両尊四士本尊
(7) 相貌《そうみょう》の広略《こうりゃく》
略の相貌
首題本尊
釈尊本尊
広の相貌
大曼荼羅本尊
一尊四士本尊

一尊四士本尊
一塔両尊四士本尊
観心本尊—法華経の観心に立脚した本尊
首題本尊
大曼荼羅本尊
一塔両尊四士本尊

（10） 虚空会《こくうえ》の儀相《ぎそう》

虚空会を中心とした本門八品の儀相に立脚した本尊
大曼荼羅本尊
一尊四士本尊
一塔両尊四士本尊

◎主な日蓮聖人遺文の教示
『観心本尊抄《かんじんほんぞんしょう》』

その本尊の為体《ていたらく》、本師《ほんし》の娑婆《しゃば》の上に宝塔空《くう》に居《こ》し、塔中《たっちゅう》の妙法蓮華経の左右に、釈迦牟尼仏・多宝仏。釈尊の脇士《きょうじ》は上行等の四菩薩なり。文殊《もんじゅ》・弥勒《みろく》等の四菩薩は、眷属《けんぞく》として末座に居し、迹化《しゃっけ》・他方の大小の諸菩薩は、万民の大地に処して雲閣《うんかく》・月卿《げっけい》を見るがごとし。十方の諸仏は、大地の上に処したもう。迹仏《しゃくぶつ》・迹土《しゃくど》を表するが故なり。かくのごとき本尊は、在世五十余年にこれなし。八年の間ただ八品《はっぽん》に限る。『昭定』七一二〜七一三頁。原漢文。

『報恩抄』

求めて云く、其の形貌如何《ぎょうみょういかん》。答えて云く、一には日本乃至《ないし》一閻浮提《いちえんぶだい》一同に本門の教主釈尊を本尊とすべし。所謂《いわゆる》宝塔の内の釈迦多宝、外《そと》の諸仏、並びに上行等の四菩薩脇士《きょうじ》となるべし。『昭定』一二四八頁。

◎大曼荼羅本尊の教示

「佐渡始顕本尊」文永十年（一二七三）七月八日図顕

「此の法花経の大曼陀羅は仏滅後二千二百二十余年一閻浮提《いちえんぶだい》の内いまだこれ有らず、日蓮始めて之を図す。」日乾臨写『本満寺宝物目録』口絵《くちえ》十四。原漢文。

「万年救護本尊《まんねんくご》」文永十一年（一二七四）十一月図顕

「大覚世尊御入滅後、二千二百二十余年を経歴《きょうりゃく》す。爾《しか》りといえども、月漢日三ヶ国の間、いまだこの大本尊有らず。あるいは知つてこれを弘めず。あるいはこれを知らず。我慈父仏智をもつてこれを隠し留め、末代の為にこれを残したもう。後五百歳の時、上行菩薩世に出現して、始めてこれを弘宣《ぐせん》す。」（千葉県妙本寺奉安）『御本尊集』第十六番。原漢文。

◇参照『日蓮聖人教学の基礎』四　二七二〜三〇三頁。

（11）本尊と浄土

本尊は浄土でもある。本尊への帰依《きえ》は、信行者が題目受持をとおして本尊に包摂されることであり、そこに永遠の救いが成就する。その救いの場所は浄土である。日蓮聖人はこれを「本土《ほんど》」「本時《ほんじ》の娑婆《しゃば》世界」「常住《じょうじゅう》の浄土」等と表現されている。

本門の本尊

教主―久遠実成の釈尊
法華経の浄土
救いの浄土―常住の浄土
信行者
信行―題目受持
救済の実現
自然譲与《じねんじょうよ》―仏果《ぶっか》の受得《じゅとく》
本時の娑婆世界―時空を超えた絶対世界（本時妙《ほんじみょう》）
仏の開顕は土《ど》の開顕
寿量品の仏の久遠実成の開顕は本土《ほんど》の開顕（本国土妙《ほんこくどみょう》）

『開目抄《かいもくしょう》』

この過去《かこ》常顕《じょうあらわ》るる時、諸仏みな釈尊の分身《ふんじん》なり。爾前迹門《にぜんしゃくもん》の時は諸仏釈尊に肩を並べて各修各行《かくしゅかくぎょう》の仏なり。かるがゆへに諸仏を本尊とする者釈尊等を下《くだ》す。今華厳《けごん》の台上《だいじょう》・方等《ほうどう》・般若《はんにゃ》・大日経《だいにちきょう》等の諸仏はみな釈尊の眷属《けんぞく》なり。仏、三十成道《じょうどう》の御時は大梵天王《だいぼんてんのう》・第六天《だいろくてん》等の知行《ちぎょう》の娑婆世界《しゃばせかい》を奪い取り給いき。今、爾前《にぜん》、迹門《しゃくもん》にして十方を浄土とがう（号）して、この土を穢土《えど》とかれしを打《うち》かへして、この土は本土《ほんど》となり、十方の浄土は垂迹《すいじゃく》の穢土《えど》となる。『昭定』五七六頁。

『観心本尊抄《かんじんほんぞんしょう》』……四十五字法体段《ほったいだん》

今本時《ほんじ》の娑婆世界は、三災《さんさい》を離れ四劫《しこう》を出《い》でたる常住の浄土なり。仏すでに過去にも滅せず未来にも生ぜず、所化《しょけ》以て同体《どうたい》なり。これ即ち己心《こしん》の三千具足三種の世間なり。『昭定』七一二頁。原漢文。

2　本門の題目《だいもく》

日蓮宗宗義大綱「3　三祕の意義　本門の題目」

「本門の題目は、釈尊の悟りの一念三千を南無妙法蓮華経に具象したものである。仏は、これを教法として衆生に与え、我等凡夫は、これを三業（身口意）に受持して行法を成就する。」

宗義大綱の要点

本門の題目―釈尊の悟りの一念三千を南無妙法蓮華経に具象《ぐしょう》したもの。

仏は、これを教法として衆生に与え、我等凡夫は、これを三業《さんごう》（身口意《しんくい》）に受持して行法を成就する。

衆生に与えられた教法―「南無妙法蓮華経の五字」

受持者の修すべき行法―「南無妙法蓮華経の七字」

（1）教法としての題目

教法としての題目は南無妙法蓮華経の五字

（2）行法としての題目

行法としての題目は南無妙法蓮華経の七字

（3）五字七字の題目

題目は、教法として観《み》れば五字、行法として観れば七字であるが、題目そのものとしては「南無妙法蓮華経の五字七字」として一である。

◇参照「第五章　日蓮聖人の法華経観」
◇参照「第六章　第四節　１　教」
◇参照「第十章　第二節　題目の受持」
◇参照「第十五章　第一節　即身成仏」

3　本門の戒壇《かいだん》

日蓮宗宗義大綱「3　三祕の意義　本門の戒壇」
「本門の戒壇は、題目を受持するところにそのまま現前する。これを即是道場の事の戒壇という。四海帰命の暁に建立さるべき事相荘厳の事の戒壇は、我等宗徒の願業であって、末法一同の強盛の行業によって実現しなければならない。」

宗義大綱の要点
本門の戒壇
題目を受持するところにそのまま現前する――即是道場《そくぜどうじょう》の事《じ》の戒壇

四海帰命《しかいきみょう》の暁《あかつき》に建立さるべき戒壇―事相荘厳《じそうしょうごん》の事《じ》の戒壇
　我等信徒の願業《がんごう》
　末法一同の強盛《ごうじょう》の行業《ぎょうごう》によって実現しなければならない

（1）本門の戒法と本門の戒壇
本門の戒法は本門の題目を受持することである。
本門の戒壇は本門の本尊に帰依《きえ》し本門の題目を受持する道場である。
　本門の戒法―末法の大法である題目の受持（「南無妙法蓮華経」）
　本門の戒壇―本門妙戒《みょうかい》授戒の道場。題目受持の壇場《だんじょう》
（2）本門戒の受法と功徳
本門戒は一切の戒法を包括する妙戒である。したがって本門戒の受法には諸仏・諸経の功徳が結集《けつじゅう》する。
（3）理壇《りだん》と事壇《じだん》
理事は個人的か社会的か、理念的か具体的かによって分別《ふんべつ》する。

理の戒壇は、題目受持の信証《しんしょう》、題目信心の当所《とうしょ》である。あるいは題目信仰者の私的道場をいう。

事の戒壇は題目受持の壇場《だんじょう》、即是道場《そくぜどうじょう》である。あるいは四海帰妙の暁に建立されるべき道場をいう。

理壇と事壇は相即して不二である。題目受持の信心当所を理壇、本門戒受持の道場を事壇とし、仏国土の建設に努めて実現する立正安国の世界が理壇即事壇である。

◎まとめ

本門の戒法と戒壇

本門の戒法—題目受持（「南無妙法蓮華経」）

本門の戒壇—「本門妙戒」授戒の道場　題目受持の道場

理戒壇と事戒壇

理戒壇—題目受持の信証　題目信心の当所　題目受持の道場　題目信仰者の道場

事戒壇—題目受持の壇場　即是道場　「本門妙戒」授戒の壇場　四海帰妙の暁に建立

されるべき事相の戒壇

理事不二

仏国土の建設—立正安国の世界

三祕総在《そうざい》（三大祕法相即具足）の本門戒壇

第五節　本門の世界

一大祕法＝三大祕法—本門の信行

仏—久遠実成の教主釈尊（寿量品の仏）……本仏《ほんぶつ》

法—題目「南無妙法蓮華経」（本門の肝心）……本法《ほんぽう》

土—常住の浄土（本時娑婆世界）……本土《ほんど》

人—久遠教化の弟子（地涌上行）……本化《ほんげ》

行—題目受持（南無妙法蓮華経）……妙行《みょうぎょう》

理—事の一念三千（寿量品文底）……本理《ほんり》（事具《じぐ》）

証—自然譲与《じねんじょうよ》（即身成仏・霊山往詣）……本時《ほんじ》（同体《どうたい》）

◇参照『宗義大綱読本』第四章　三大祕法の開出
◇参照「第十五章　安心の様相」

第十章　信行《しんぎょう》の指針

日蓮宗宗義大綱「4　信行の意義」
「本宗の信行は、本門の本尊に帰依し、仏智の題目を唱え、本門戒壇の信心に安住するを本旨とする。機に従って、読、誦、解説、書写等の助行を用いて、自行、化他に亘る信心を増益せしめる。」

宗義大綱の要点
　本宗の信行
　本門本尊に帰依《きえ》し、本門題目を唱え、本門戒壇の信心に安住《あんじゅう》するを本旨《ほんし》とする。
機に従って、助行を用いて、自行《じぎょう》・化他《けた》にわたる信心を増益《ぞうやく》せしめる。

第一節　法華経の信心《しんじん》

1　信心為本《しんじんいほん》

「信心為本」は「信心を本《もと》と為《な》す」の意味。日蓮聖人が唱導《しょうどう》された教えは信心を基本とする。いかに知識が豊富でも信心がなければ日蓮聖人の教えを修学したことにはならない。

「法華経の信心」とは法華経の教えに立脚して信心を立てることである。これを「如説《にょせつ》の信」という。法華経の説の如くに信じることである。

『法華題目鈔《ほっけだいもくしょう》』

たとひさとりなけれども、信心《しんじん》あらん者は鈍根《どんこん》も正見《しょうけん》の者なり。たとひさとりあれども、信心なき者は誹謗闡提《ひぼうせんだい》の者なり。『昭定』三九二頁。

◎まとめ

信心為本―信心を本《もと》と為《な》す

法華経の信心―如説の信……………法華経の説の如くに信じる

捨身《しゃしん》の信―法華経に捨身《しゃしん》する信……不惜身命《ふしゃくしんみょう》（色読《しきどく》）

2　以信代慧《いしんだいえ》

「以信代慧」は「信を以て慧に代《か》う」の意味。末代の凡夫は、智慧で仏道を成《じょう》ずることはできない。信の一字こそが仏道に参入《さんにゅう》し仏道を究《きわ》める唯一の方法である。

『四信五品鈔《ししんごほんしょう》』

五品《ほん》の初二三品には、仏正《まさ》しく戒定《かいじょう》の二法を制止して、一向《いっこう》に慧《え》の一分《いちぶん》に限る。慧また堪《た》えざれば信を以て慧に代《か》う。信の一字を詮《せん》となす。不信は一闡提謗法《いっせんだいほうぼう》の因、信は慧の因、名字即《みょうじそく》の位《くらい》なり。『昭定』一二九六頁。原漢文。

◎まとめ

以信代慧―信を以て慧に代《か》う

　信の一字こそが仏道に参入し仏道を究める唯一の方法

3 信心正因《しんじんしょういん》

「信心正因」は「信心」こそが「成仏の正因」であるとの意味。仏道の基本は「信心」にある。信心において仏道に入り、信心において仏道を実修し、信心において仏道を成就する。題目受持は成仏の正業《しょうごう》であり、その題目受持を本質的に支える信心が成仏の正因である。

◎まとめ
成仏の正因《しょういん》と正業《しょうごう》
成仏の正因―信心…………信心こそが成仏の正しい要因
成仏の正業―題目受持……題目受持こそが成仏の正しい業（行為《こうい》）

第二節　題目の受持《じゅじ》

1　五種法師行《ごしゅほっしぎょう》と受持

五種法師行は法華経の法師品《ほっしほん》第十や如来神力品《にょらいじんりきほん》第二十一などに説かれている法師の修行で、受持《じゅじ》・読《どく》・誦《じゅ》・解説《げせつ》・書写《しょしゃ》をいう。受持を正行《しょうぎょう》とし、読・誦・解説・書写を助《じょ》行《ぎょう》とする。

◎まとめ

五種法師行―五種の法師行
受持―教えを受け持《たも》つ
読　―経文《きょうもん》を読む
誦　―経文を暗誦《あんじゅ》する
解説―経文を説明する
書写―経文を書き写す

正行《しょうぎょう》と助行《じょぎょう》
正行―受持（題目受持）
助行―読・誦・解説・書写

2　三業《さんごう》円満《えんまん》具足《ぐそく》の題目受持

題目受持は三業を円満具足して修することによって、その本旨《ほんし》を成就する。

◎まとめ

三業円満具足の題目受持　―題目「南無妙法蓮華経の五字七字」

三業の題目受持

身業《しんごう》受持―身体で題目を受持する……………色読《しきどく》

口業《くごう》受持―至心に題目を唱える……………唱題

意業《いごう》受持―信心において題目を受持する……信心

三業円満具足の題目受持―信心即唱題即色読

三業が円満に具足した題目受持―題目五字七字

『観心本尊抄《かんじんほんぞんしょう》』……受持《じゅじ》譲与《じょうよ》段《だん》（三十三字段）

釈尊の因行《いんぎょう》果徳《かとく》の二法は妙法蓮華経の五字に具足《ぐそく》す。我等この五字を受持すれば、自然《じねん》に彼《か》の因果の功徳を譲《ゆず》り与《あた》えたもう。『昭定』七一一頁。原漢文。

◇参照『宗義大綱読本』第五章　信行の指針

第十一章　弘教《ぐきょう》の方軌《ほうき》

第一節　弘経《ぐきょう》の三軌《さんき》

弘経の三軌は法華経の法師品《ほっしほん》第十に説かれている仏滅後の弘経《ぐきょう》の心得《こころえ》である。

◎まとめ

弘経の三軌—滅後弘経の心得……法師品第十の所説

如来の室《しつ》に入る—大慈悲《だいじひ》の心

如来の衣《ころも》を着る—柔和忍辱《にゅうわにんにく》の心

如来の座《ざ》に坐す—諸法空《しょほうくう》の心

第二節　四法成就《しほうじょうじゅ》

四法成就は法華経の普賢菩薩勧発品《ふげんぼさつかんぼっぽん》第二十八に説かれている仏滅後の弘経の心得であ

る。

◎まとめ

四法成就―滅後弘経の心得……普賢菩薩勧発品第二十八の所説
諸仏護念《しょぶつごねん》―諸仏の護念を信ずる
植諸徳本《じきしょとくほん》―諸の徳本を植《う》える
入正定聚《にゅうしょうじょうじゅ》―正定聚に入る
発救一切衆生之心《ほっくいっさいしゅじょうししん》―一切衆生を救う心を発《おこ》す

第三節　四悉檀《ししつだん》

「悉檀」は「確定した教え」のことで、「仏の説法」「仏の教法《きょうぼう》」を意味する。四悉檀は、仏が衆生に教法を施《ほどこ》し、衆生を導く、四種類の方法をいう。

◎まとめ

四悉檀―仏による衆生導利《どうり》の四種類の方法……『大智度論《だいちどろん》』『法華玄義《ほっけげんぎ》』等に説かれている

世界《せかい》悉檀（楽欲《ぎょうよく》悉檀）―世界歓喜《かんぎ》の益《やく》……世間一般の事柄に添って法を説く―随類《ずいるい》の教化

為人《いにん》悉檀（生善《しょうぜん》悉檀）―為人生善の益……機根に応じて法を説き善根を増長させる―随機《ずいき》の教化

対治《たいじ》悉檀（断悪《だんあく》悉檀）―対治破悪《はあく》の益……悪業《あくごう》を破して善業《ぜんごう》に導く―破邪《はじゃ》の教化

第一義《だいいちぎ》悉檀（入理《にゅうり》悉檀）―第一義入理の益……第一義を説いて帰信させる―顕正《けんしょう》の教化

第四節　摂受《しょうじゅ》と折伏《しゃくぶく》

日蓮宗宗義大綱「7　摂受と折伏」

「折伏は邪見・邪法に執するものに対して、これをくだき、正法に帰伏せしめることであり、摂受は寛容なる態度をもって正法に導き入れることである。かように、この両者は、教を弘める方法であるが、その精神は共に大慈悲心に基づかなければならない。しかも破邪が顕正の為の破邪であるように、折伏と摂受にはその行用に前後があり、また機によっても進退がある。」

宗義大綱の要点

摂受と折伏―教を弘める方法

共に大慈悲心に基づく弘教

行用《ぎょうゆう》に前後がある……弘教の実《じつ》を挙げるためには用い方において先後の判断が必要である。

機によっても進退がある……弘教の実《じつ》を挙げるためには相手に応じ用い方において進退の判断が必要である。

折伏―邪見《じゃけん》・邪法《じゃほう》に執するものに対して、これをくだき、正法《しょうぼう》に帰伏《きぶく》せしめる。

摂受―寛容な態度をもって正法に導き入れる。

1　摂受折伏の行軌《ぎょうき》を説示する主な経典

維摩経《ゆいまぎょう》
法華経の安楽行品《あんらくぎょうほん》・勧持品《かんじほん》・常不軽菩薩品《じょうふきょうぼさっぽん》・他
涅槃経《ねはんぎょう》

2　摂受と折伏

衆生教化《きょうけ》の方法
摂受―摂引容受《しょういんようじゅ》・摂取容受《せっしゅようじゅ》
　相手を容認しながら穏やかに教化する。
折伏―破折調伏《はしゃくちょうぶく》
　相手の非を論難して厳しく教化する。

摂受
四安楽行《しあんらくぎょう》―四種類の安楽な修行方法……法華経安楽行品第十四の所説

身《しん》安楽行　―修行の障害になる所に近づかない
口《く》安楽行　―人や経典を誹謗《ひぼう》しない
意《い》安楽行　―悪意を懐かない
誓願《せいがん》安楽行―大慈悲の心を発《おこ》す

折伏
但行礼拝《たんぎょうらいはい》―二十四字……法華経常不軽菩薩品第二十の所説
逆縁下種《ぎゃくえんげしゅ》

○ポイント
日蓮聖人の行軌
紹継《しょうけい》不軽跡《ふきょうしゃく》―不軽菩薩の跡《あと》を紹継《しょうけい》する
不軽菩薩―二十四字（但行礼拝）
日蓮聖人―五字七字（題目受持）

第五節　如説修行《にょせつしゅぎょう》

如説修行は仏の経説《きょうせつ》のごとく修行すること。恣意《しい》を交えずただひたすらに仏の教えに基づいて修行すること。

○ポイント

如説修行―法華経の教えの如く修行する
不惜身命《ふしゃくしんみょう》―身命を惜しむことなく受持弘教する
値難弘経《ちなんぐきょう》―諸難に遭遇《そうぐう》しても身命を賭《と》して法を弘める

第六節　値難色読《ちなんしきどく》

法華経には、仏滅後の弘教者《ぐきょうしゃ》は数々の迫害に遭遇《そうぐう》すると説かれている。日蓮聖人は、法華経弘通《ぐづう》において多くの法難に値遇《ちぐう》された。値難をとおして、日蓮聖人は「数数見擯《さくさくけんぴん》出《ずい》」の経文を色読し、経文《きょうもん》に説かれているとおりの「法華経の行者」としての証《あかし》を得られた。　法華経に「説き入れられた」日蓮聖人は、虚空会《こくうえ》において仏から滅後弘教の付嘱《ふぞく》を蒙《こうむ》った上行菩薩としての自覚を深め、その使命の実現に邁進《まいしん》されたのである。

◎まとめ

末法の法華経弘通と値難色読

　法華経の文《もん》―仏滅後の弘教者は数々の迫害に遭遇《そうぐう》する

日蓮聖人―末法の世に法華経を弘通《ぐづう》して数々の法難に値遇《ちぐう》

　経文《きょうもん》の色読《しきどく》―勧持品《かんじほん》二十行の偈《げ》……「数数見擯出《さくさくけんひんずい》」の体験

　紹継《しょうけい》不軽跡《ふきょうしゃく》―不軽菩薩の行軌《ぎょうき》を紹継《しょうけい》

第七節　門下《もんか》の弘教《ぐきょう》の使命《しめい》

日蓮聖人の門下は、日蓮聖人の教えと行動を、自らの生きる指針とすることを、深く心に刻み実践することが大切である。

◎まとめ

門下の弘教の使命

日蓮聖人の教えと行動を自らの生きる指針とする

法華経虚空会《こくうえ》において仏から別付嘱《べっぷぞく》を蒙《こうむ》った上行菩薩としての自覚のなかで、その使命の遂行に生きられた日蓮聖人を、師表《しひょう》とする。

◇参照『宗義大綱読本』第七章　弘教の方法

第十二章　破邪顕正《はじゃけんしょう》

第一節　諸宗批判の本義《ほんぎ》

日蓮聖人は、「釈尊の真実」を法華経に見い出された。日蓮聖人の諸宗批判は、諸宗が「釈尊の真実」を蔑《ないがし》ろにしていることに対する是正《ぜせい》の警鐘《けいしょう》である。

諸宗批判は、「釈尊の真実」の顕現《けんげん》であると共に、社会の平安と人々の救いを実現するための慈悲の菩薩行である。

◎まとめ

「釈尊の真実」――「法華経の教え」

「釈尊の真実」の実現――「法華経の教え」の顕現

諸宗の実体―釈尊の教えに違背《いはい》

諸宗批判―釈尊への回帰《かいき》の警鐘

慈悲の実践
諸宗批判は社会の平安の実現、人々の救いの実現のための菩薩の道行《どうぎょう》

第二節　四箇格言《しかかくげん》

日蓮聖人の諸宗批判は、具体的には四箇格言として標榜《ひょうぼう》された。その内容は「念仏無間《むけん》」「禅天魔《てんま》」「真言亡国《ぼうこく》」「律国賊《こくぞく》」である。

日蓮聖人遺文に「四箇格言」という成語があるのではなく、後世《こうせい》に付与《ふよ》された名称である。ただし、四箇格言の内容は日蓮聖人の遺文に繰り返し叙述されている。また、四箇格言の内容が四箇同時に表明されたわけではなく、念仏宗・禅宗・律宗に対する批判は比較的早い時期から見られ、その後、東密《とうみつ》（東寺の密教）への批判が示され、台密《たいみつ》（天台宗の密教）への批判は佐渡期以降になる。

◎まとめ
四箇格言

念仏無間―念仏は無間の業《ごう》

念仏宗は念仏を称えると極楽浄土《ごくらくじょうど》へ往生《おうじょう》すると説くが、その逆に、念仏は無間地獄《むけんじごく》に堕落《だらく》する業因《ごういん》となる。

禅天魔―禅は天魔の説いた教え

禅宗は「以心伝心《いしんでんしん》・不立文字《ふりゅうもんじ》」と主張し、仏説《ぶっせつ》を否定、あるいは軽視することから、仏の教えではなく天魔の説いた教えである。

真言亡国―真言は国を滅ぼす

真言宗は祈禱《きとう》によって国を護《まも》ると説くが、かえって国を滅ぼすもととなる。

＊留意点

日蓮聖人の真言宗批判には東密《とうみつ》（東寺《とうじ》の密教）と台密《たいみつ》（天台宗の密教）がある。

律国賊―律宗は世間を誑惑《おうわく》する国賊の教え

律宗は時機《じき》不相応の小乗の教えであり、戒律を説き国主や世間の人々を誑惑《おうわく》する。

○ポイント

日蓮聖人の諸宗批判は、「仏の教え」と「社会の現証」に立脚している。その本質は「仏の真実」にある。日蓮聖人は「仏の真実」を究明し、「仏の真実」を実現することが仏子《ぶっし》（仏使《ぶっし》）としての使命であるとされた。「仏の真実」の究明は教相論として展開し、「社会の現証」は「仏の真実の教え」（正法《しょうぼう》）に照らして覚知される。正法によって照らし出された「現実の社会」が「誤謬《ごびゅう》」に満ちたものであれば、それは「仏への違背《いはい》」（謗法《ほうぼう》）であり、必ず是正《ぜせい》されなければならない。「仏の真実への回帰《かいき》」、それが日蓮聖人の諸宗批判である。

なお、日蓮聖人の諸宗批判は「四箇格言」に示された四宗に限るものではない。日蓮聖人は「法華正法」の視点から、仏・法・土・理・行・証・化益《けやく》などの諸方面において諸宗批判を展開されている。

諸宗批判は、日蓮聖人における「法華仏教」の正当性の論証と法門の樹立をも意味する。

第三節　正法《しょうぼう》の顕現《けんげん》

日蓮聖人は、社会に災害などが興起《こうき》し、人々が苦悩に満ちた生活を強いられるのは、正法が滅尽《めつじん》し悪鬼《あっき》が来入《らいにゅう》するためであるとして、救国《きゅうこく》の方策は正法の広布《こうふ》にあるとされた。これを神天上法門《しんてんじょうほうもん》と称する。

神天上の教えは『金光明経《こんこうみょうきょう》』『大集経《だいじっきょう》』『仁王経《にんのうきょう》』『薬師経《やくしきょう》』などの諸経典に説かれている。日蓮聖人は、『立正安国論《りっしょうあんこくろん》』などにこれらの経典を挙げて、日本国当世の惨状《さんじょう》を論証し、正法顕現《けんげん》の必要性を強く主張された。

◎まとめ

神天上《しんてんじょう》法門

国を護る善神《ぜんじん》は正法滅尽の国を捨てて天上に去る。善神は正法の法味《ほうみ》を食して威光《いこう》を発揮しているために、正法が滅尽するとその国に在住することができなくなるためである。善神が捨国《しゃこく》すると悪鬼が来入し国土に災禍《さいか》が興起する。

国を護るためには邪法《じゃほう》を止め、正法を広宣流布して、善神の威光を隆盛《りゅうせい》させる必要がある。

災難興起《さいなんこうき》の原因―邪法流布による善神の捨国と悪鬼の来入

邪法流布→善神捨国→悪鬼来入→災難興起

立正安国の実現─正法を立て国を安らかにする

正法建立（邪法滅尽）→善神来集《らいじゅう》→善神守護→安国

第十三章　祈禱《きとう》の意義

日蓮宗宗義大綱「8　祈禱の意義」

「いのりは、大慈悲心に基づく真実の表白である。本宗の祈禱には、自行化他に亘って、成仏のいのりと生活のいのりとがあるが、後者といえども信仰生活の助道となるものでなければならない。」

宗義大綱の要点

祈り―大慈悲心に基づく真実の表白。信仰の表出。

祈禱―自行化他《じぎょうけた》に亘って、成仏の祈りと生活の祈りとがある。

　生活の祈り―信仰生活の助道《じょどう》となるものでなければならない。

◎まとめ

祈禱の意義

日蓮聖人の本義

利生効験《りしょうこうげん》―顕応と冥応

顕応―顕わなる利生効験（顕益《けんやく》）

冥応―冥伏した利生効験（冥益《みょうやく》）

◇参照『宗義大綱読本』第八章　いのりと使命

第十四章　出家《しゅっけ》と在家《ざいけ》

日蓮宗宗義大綱「10　出家と在家」

「出家と在家とは、信仰に両者の別はないが、その使命を異にする。出家は専ら伝道教化を使命とし、自己の信仰を確立するとともに、進んで宗教者としての行学の二道をはげむべきである。在家は、信仰を世務に生かすことに務め、分に応じて出家の伝道を扶けることが、仏道を行ずることである。」

宗義大綱の要点

出家と在家―信仰に両者の別はないが、その使命を異《こと》にする。

出家―専ら伝道教化を使命とし、自己の信仰を確立するとともに、進んで宗教者としての行学二道にはげむべきである。

在家―信仰を世務《せむ》に生かすことに務め、分に応じて出家の伝道を扶《たす》けることが、仏道を行ずることである。

◎まとめ

出家と在家

「法華経の信」に生きる

出家──法華経信行と伝道広布《でんどうこうふ》

在家──法華経信仰の生活と伝道広布の扶助《ふじょ》

◇参照『宗義大綱読本』第八章　いのりと使命

第十五章　安心《あんじん》の様相《ようそう》

第一節　即身《そくしん》成仏

日蓮宗宗義大綱「5　成仏の意義」

「本門本尊への信は、成仏の正因であり、その相は口業の唱題となり、身業には菩薩の道行となる。この菩薩道に即した生活活動がそのまま成仏の相である。」

宗義大綱の要点

成仏の正因《しょういん》―本門の本尊への信

成仏の相―口業《くごう》の唱題

身業《しんごう》には菩薩の道行……菩薩道に即した生活活動

1　題目受持《だいもくじゅじ》

（1）受持譲与《じょうよ》—題目受持によって久遠釈尊から因果《いんが》の功徳《くどく》を自然《じねん》に譲与していただく。
『観心本尊抄《かんじんほんぞんしょう》』……受持譲与段《じゅじじょうよだん》（三十三字段）
釈尊の因行果徳《いんぎょうかとく》の二法は妙法蓮華経の五字に具足《ぐそく》す。我等この五字を受持すれば、自然《じねん》に彼《か》の因果の功徳を譲り与えたもう。『昭定』七一一頁。原漢文。
釈尊の因行果徳—妙法蓮華経の五字
我等の五字受持—因果の功徳の自然譲与《じねんじょうよ》
（2）三業《さんごう》円満の題目受持—題目受持は三業において円満に題目を信受念持《しんじゅねんじ》すること。
三業円満の信受念持—身業《しんごう》即口業《くごう》即意業《いごう》
身業—題目の実践（法華経の菩薩道）
口業—題目の専唱（専持《せんじ》題目）
意業—題目の信心（法華経の信心）
題目との一如《いちにょ》
題目と受持者とが一如する
受持者が題目を唱え、題目が受持者と和合し、題目が題目を唱える。

2　受持《じゅじ》成仏《じょうぶつ》

受持即譲与

題目受持により釈尊因果の功徳が自然《じねん》に譲与される

成仏の正因《しょういん》―本化《ほんげ》の信　本門の本尊への信

法華経の成仏―法華経世界に包摂《ほうせつ》される

　成仏の所居《しょご》―本時娑婆世界

　　三妙《さんみょう》相即の浄土―常寂光土《じょうじゃっこうど》

　　三世《さんぜ》相即の浄土―常住浄土《じょうじゅうじょうど》

信心《しんじん》成仏―本化《ほんげ》信心即成仏……題目の信に帰入《きにゅう》する

唱題《しょうだい》成仏―信心唱題即成仏……題目を唱え題目と一体化する

信行《しんぎょう》成仏―本化信行即成仏……題目を至心《ししん》にいただく

色読《しきどく》成仏―題目の色読実践即成仏……題目を体現《たいげん》する

即身《そくしん》成仏―題目受持の現身《げんしん》に即して成仏……題目に生かされる

三業円満《さんごうえんまん》の成仏―三業円満相即題目受持の成仏……題目を生きる

○参考

三妙―本因妙《ほんいんみょう》・本果妙《ほんがみょう》・本国土妙《ほんこくどみょう》

三世―過去世・現在世・未来世

三業―身業・口業・意業

第二節　霊山往詣《りょうぜんおうけい》

日蓮宗宗義大綱「6　霊山往詣」

「来世は、現世と相即する。現在の即身成仏は、未来成仏の意義をもつ。妙法信受の当所に成仏が決定し、霊山の釈迦仏のみもとに在るのである。故に霊山往詣は未来のみのものでなく、現身のわが信心の場にある。宗祖はこの境界を大曼荼羅に図顕された。」

宗義大綱の要点

来世と現世—相即

現世の即身成仏—未来成仏の意義をもつ

妙法信受の当所—成仏が決定《けつじょう》……霊山《りょうぜん》の釈迦仏のみもとに在る

霊山往詣《りょうぜんおうけい》—未来のみのものではなく現身のわが信心の場にある

霊山往詣の境界《きょうがい》—大曼荼羅に図顕

◎まとめ

霊山往詣

霊山浄土への往詣—三仏の顔貎《げんみょう》を拝す

来世《らいせ》成仏—来世の救い　来世の安心《あんじん》

現世と来世の同時成仏—時空《じくう》超越の成仏

「現世の信」（題目の信心）に「三世《さんぜ》の救い」（永遠の救い）が成就する

大曼荼羅

時空を超えた救いの世界

第三節　本時《ほんじ》の娑婆世界《しゃばせかい》

本時の娑婆世界は「久遠釈尊の永遠不滅の浄土」である。仏は滅することも生ずることもなく永遠《とわ》に常住し、題目受持の信行者は三世にわたって釈尊と共にある。

1　浄仏国土《じょうぶつこくど》

常住の浄土

仏の顕本《けんぽん》と浄土の開顕《かいけん》

如来寿量品《にょらいじゅりょうほん》第十六に説かれている

2　国土《こくど》の成仏《じょうぶつ》

一念三千《いちねんさんぜん》の法門

依正不二《えしょうふに》

衆生《しゅじょう》成仏と草木国土《そうもくこくど》成仏は不二相即

3　娑婆即寂光《しゃばそくじゃっこう》

娑婆即浄土（娑婆即常寂光土《じょうじゃっこうど》）

見宝塔品の三変土田《さんぺんどでん》―分身諸仏《ふんじんしょぶつ》を来集《らいじゅう》させるために娑婆世界を三回変じて常寂光土とする

第一変―同居土《どうごど》を方便土《ほうべんど》に変える

第二変―方便土を実報土《じっぽうど》に変える

第三変―実報土を寂光土に変える

本来は常寂光土であるが機根によって種々の土に見える

○参考

同居土（凡聖同居土《ぼんしょうどうごど》）―人天《にんでん》等の凡夫と二乗等の聖者《しょうじゃ》が同居する土

方便土（方便有余土《ほうべんうよど》）―三界の生死《しょうじ》を断じた二乗や菩薩の住する土

実報土（実報無障礙土《じっぽうむしょうげど》）―別教《べっきょう》の初地《しょじ》以上と円教《えんぎょう》の初住《しょじゅう》以上の菩薩の住する土
寂光土（常寂光土《じょうじゃっこうど》）―三徳《さんとく》（法身《ほっしん》・般若《はんにゃ》・解脱《げだつ》）具足《ぐそく》の仏の住する土

4　本時《ほんじ》の娑婆世界《しゃばせかい》

信仰的絶対世界
法界《ほうかい》浄土の世界
本門三妙《さんみょう》具足《ぐそく》―本時娑婆世界
本因妙《ほんいんみょう》―所化以同体《しょけもってどうたい》（釈尊と受持者とが同体）……本化《ほんげ》
本果妙《ほんがみょう》―不滅不生の仏（久遠実成の仏）……本仏《ほんぶつ》
本国土妙《ほんこくどみょう》―常住の浄土（本時娑婆世界）……本土《ほんど》
事の一念三千―文底観心《もんていかんじん》
本感応妙《ほんかんのうみょう》―己心《こしん》の三千具足
釈尊と受持者とが同体の一念三千
依正不二《えしょうふに》の世界―三種の世間

衆生世間・五陰《ごおん》世間―正報《しょうほう》
国土世間―依報《えほう》
有情《うじょう》・非情《ひじょう》の同時成仏
衆生の成仏と草木国土《そうもくこくど》の成仏は不二《ふに》
一念三千の浄土―依正不二―立正安国《りっしょうあんこく》

『観心本尊抄《かんじんほんぞんしょう》』……四十五字法体段《ほったいだん》
今本時《ほんじ》の娑婆世界は、三災《さんさい》を離れ四劫《しこう》を出《い》でたる常住の浄土なり。仏すでに過去にも滅せず未来にも生ぜず、所化《しょけ》以て同体なり。これ即ち己心《こしん》の三千具足三種《さんぜんぐそくさんしゅ》の世間《せけん》なり。『昭定』七一二頁。原漢文。

○参考
有情―情《こころ》のあるもの……衆生
非情―情《こころ》のないもの……草木国土

第四節　大曼荼羅《だいまんだら》

大曼荼羅は日蓮聖人が信解体得《しんげたいとく》された「法華経の救済世界」(久遠釈尊の絶対時空世界)である。

1　大曼荼羅の意義

真実の法華経世界の顕現《けんげん》

常住浄土の顕現《けんげん》

依正不二の救済世界の顕現《けんげん》

三世にわたる皆成仏《かいじょうぶつ》世界の顕現《けんげん》

2　大曼荼羅の世界観

法華経虚空会《こくうえ》の世界

本門の教主釈尊の世界

立正安国は、日蓮聖人が生涯にわたりその実現を目指《めざ》された「法華経の究極《きゅうきょく》世界」である。立正安国の実現は、題目「南無妙法蓮華経」を広布《こうふ》して実現すべき、法華経信仰者の使命である。

2　立正安国の実現

立正―正法《しょうぼう》を立てる

安国―安穏な国土の実現

立正安国の世界

　正法が広布《こうふ》し安国が実現した世界

　題目の世界

　三大《さんだい》秘《ひ》法《ほう》顕現《けんげん》の世界

実乗《じつじょう》の一善《いちぜん》への帰依《きえ》―正法「法華経」への帰信《きしん》

　三界《さんがい》―皆仏国《みなぶっこく》

　十方《じっぽう》―悉《ことごとく》宝土《ほうど》

身—是安全《これあんぜん》
心—是禅定《これぜんじょう》

『立正安国論《りっしょうあんこくろん》』

汝《なんじ》早く信仰の寸心《すんしん》を改めて、速《すみや》かに実乗《じつじょう》の一善《いちぜん》に帰《き》せよ。しかればすなわち三界《さんがい》は皆仏国《ぶっこく》なり。仏国それ衰《おとろ》えんや。十方は悉《ことごと》く宝土《ほうど》なり。宝土何ぞ壊《やぶ》れんや。国に衰微《すいび》なく、土《ど》に破壊《はえ》なくんば、身《み》はこれ安全にして、心はこれ禅定《ぜんじょう》ならん。この詞《ことば》、この言《こと》、信ずべく崇《あが》むべし。『昭定』二二六頁。原漢文。

◇参照『宗義大綱読本』第六章　仏に成る道

主な参考文献

◎日蓮聖人遺文
立正大学日蓮教学研究所編『昭和定本日蓮聖人遺文』(身延山久遠寺)
渡辺宝陽・小松邦彰編『日蓮聖人全集』(春秋社)

◎法華経
法華経普及会編『真訓両読妙法蓮華経並開結』(平楽寺書店)

◎解説書
日蓮宗勧学院監修 日蓮宗宗務院教務部・日蓮宗新聞社出版部編集『宗義大綱読本』(日蓮宗新聞社)
日蓮宗勧学院監修 日蓮宗宗務院教務部編集『日蓮宗の教え―檀信徒版宗義大綱読本―』(日蓮宗新聞社)
日蓮宗テキスト編集委員会編『仏教の教え』改訂版(日蓮宗宗務院教務部・春秋社)

立正大学日蓮教学研究所編『日蓮宗読本』改訂版（平楽寺書店）
日蓮宗宗務院編『信行道場読本』（日蓮宗新聞社）
日蓮宗宗務院護法伝道部編『日蓮宗信仰読本』（日蓮宗新聞社）
庵谷行亨著『日蓮聖人教学の基礎』一・二・三・四（山喜房佛書林）
庵谷行亨著『日蓮聖人教学講話』（法華コモンズ仏教学林）

◎辞典・事典

日蓮宗事典刊行会編『日蓮宗事典』（東京堂出版）
立正大学日蓮教学研究所編『日蓮聖人遺文辞典』歴史篇（身延山久遠寺）
立正大学日蓮教学研究所編『日蓮聖人遺文辞典』教学篇（身延山久遠寺）
師子王文庫編『本化聖典大辞林』（国書刊行会）
宮崎英修編『日蓮辞典』（東京堂出版）
小松邦彰・他編『日蓮宗小事典』（法藏館）

あとがき

令和に入り、宗門は連続して記念すべき聖年を迎えた。
令和二年　日蓮聖人龍口法難・佐渡配流七五〇年
令和三年　日蓮聖人降誕八〇〇年
　　　　　日蓮聖人『開目抄』述作七五〇年
令和四年　日蓮聖人『観心本尊抄』述作七五〇年
　　　　　日蓮聖人大曼荼羅佐渡始顕七五〇年
令和五年　日蓮聖人身延入山・身延山開創七五〇年
宗門および関係霊跡寺院においては、盛大な法要等の記念行事がとりおこなわれた。
さらに令和十三年には日蓮聖人第七五〇遠忌の正当を迎える。連綿と継承されてきた宗門の伝統のなかで、それぞれの時代を生きる者の責任と使命として、あらためて宗祖に思いをいたし、祖意顕揚と立正安国の実現にむけていっそう精進しなければならない。

信仰の原点は「宗祖の教え」であり、その指表は「宗祖の姿」である。宗祖に近づく基本は「宗祖に学ぶ」ことである。宗義の研鑽は門下一同の生涯にわたる課題である。日蓮宗の宗義を研鑽するための文献はこれまで多く刊行されてきた。それらの書籍は日蓮聖人とその教団の教学を理解するために重要な役割を果たしてきた。

本書は、「日蓮宗　宗義大綱」に立脚して、宗義についてその要旨を解説したものである。「日蓮宗　宗義大綱」は宗義信解の基本を示したものであることから、日蓮宗の教えを修学するためには必須の綱要である。その「日蓮宗　宗義大綱」に基づいて叙述した本書が宗義研鑽を志す方々のお役に立てばこの上ない悦びである。

本書が刊行されるに至った経緯は次のとおりである。令和に入って、日蓮宗普通試験検定員会において、講習のための新たなテキストの編集が企画された。本稿はその中の一部を構成する「宗義大意」の解説として執筆したものである。テキストの紙面の都合から、原稿の全体を掲載することができなかったために、関係各位のご理解をいただき、単行本として本書を上梓する運びとなった。

なお、テキスト収録の「宗義大意」は、本書の一部を依用しているため、章立てが本書とは異なる。本書とテキスト収録の「宗義大意」の章立てとの対照は、次のとおりである。

本書の第五章——テキスト収録「宗義大意」の第一章
本書の第六章——テキスト収録「宗義大意」の第二章
本書の第七章——テキスト収録「宗義大意」の第三章
本書の第九章——テキスト収録「宗義大意」の第四章

本書の刊行にあたっては日蓮宗普通試験検定員長望月海慧先生をはじめ員会の諸先生のご理解とご協力をいただいた。木村中一先生・桑名法晃先生には関係機関との連絡調整等の事務全般を担当していただいた。出版に関しては日蓮宗新聞社出版部の西條義昌氏のご支援をいただいた。「宗義大意」の解説書として企画を進めたことから、日蓮宗普通試験検定検定員をつとめる桑名貫正先生が監修を、庵谷行亨が執筆を担当した。編集にあたり校正等の業務は弟子庵谷行遠の協力を得た。

令和五年九月十二日

著者　庵谷行亨

監修者紹介

桑名貫正（くわな・かんしょう）

日蓮宗講学・身延山学園参与・身延山大学非常勤講師

山梨県妙法寺住職

著者紹介

庵谷行亨（おおたに・ぎょうこう）

日蓮宗勧学院長・身延山大学特任教授・立正大学名誉教授

静岡県宗長寺住職

日蓮宗《にちれんしゅう》　宗義《しゅうぎ》入門《にゅうもん》

令和五年（二〇二三）十月十三日　初版発行
令和六年（二〇二四）二月十六日　第二版発行

監修　桑名貫正
著者　庵谷行亨
発行　日蓮宗新聞社
印刷　モリモト印刷株式会社

〒一六二-〇八一三　東京都新宿区東五軒町三-十九
電話　〇三（三二六八）六三〇一

ISBN978-4-89045-194-4